I0443968

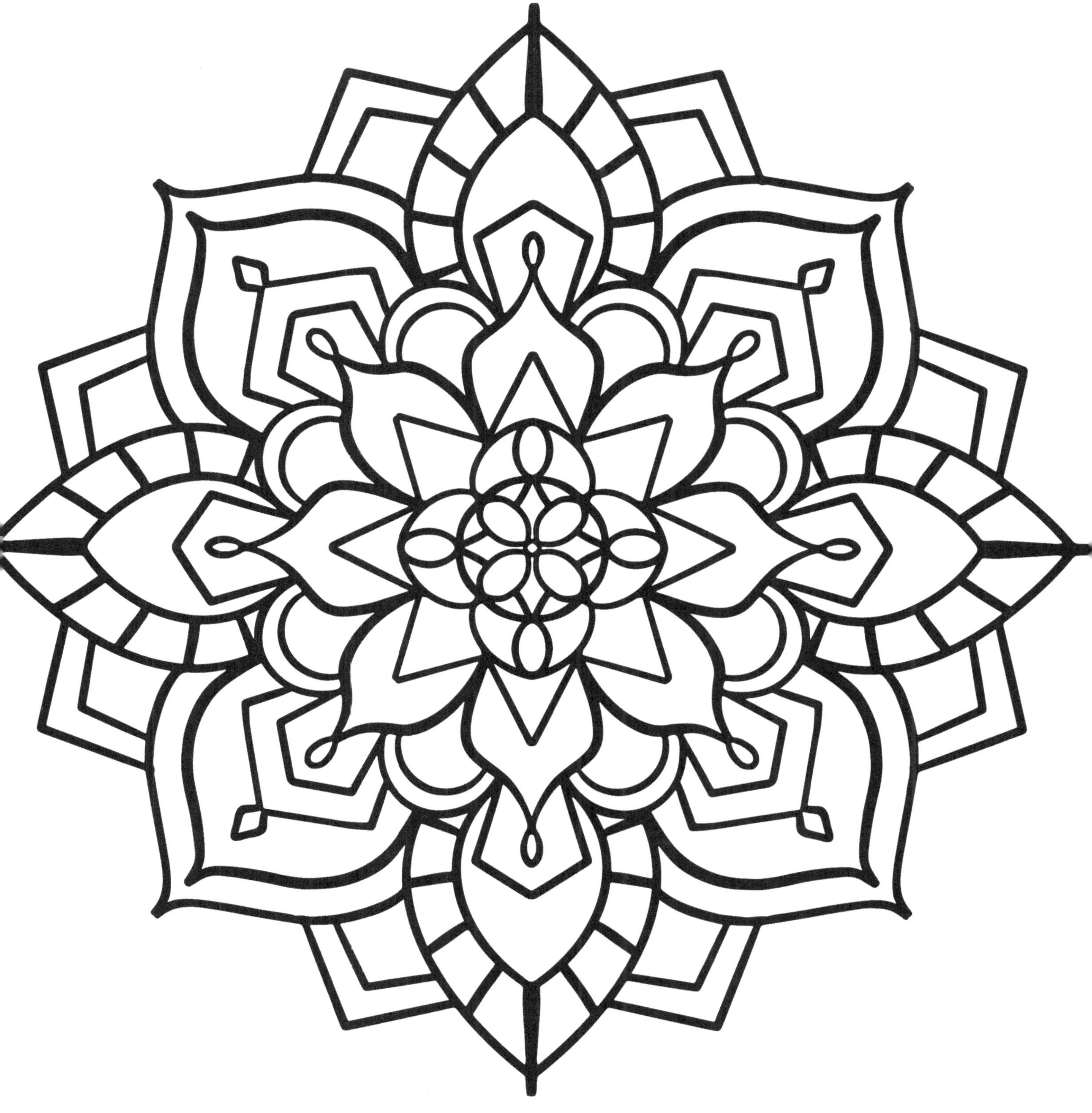

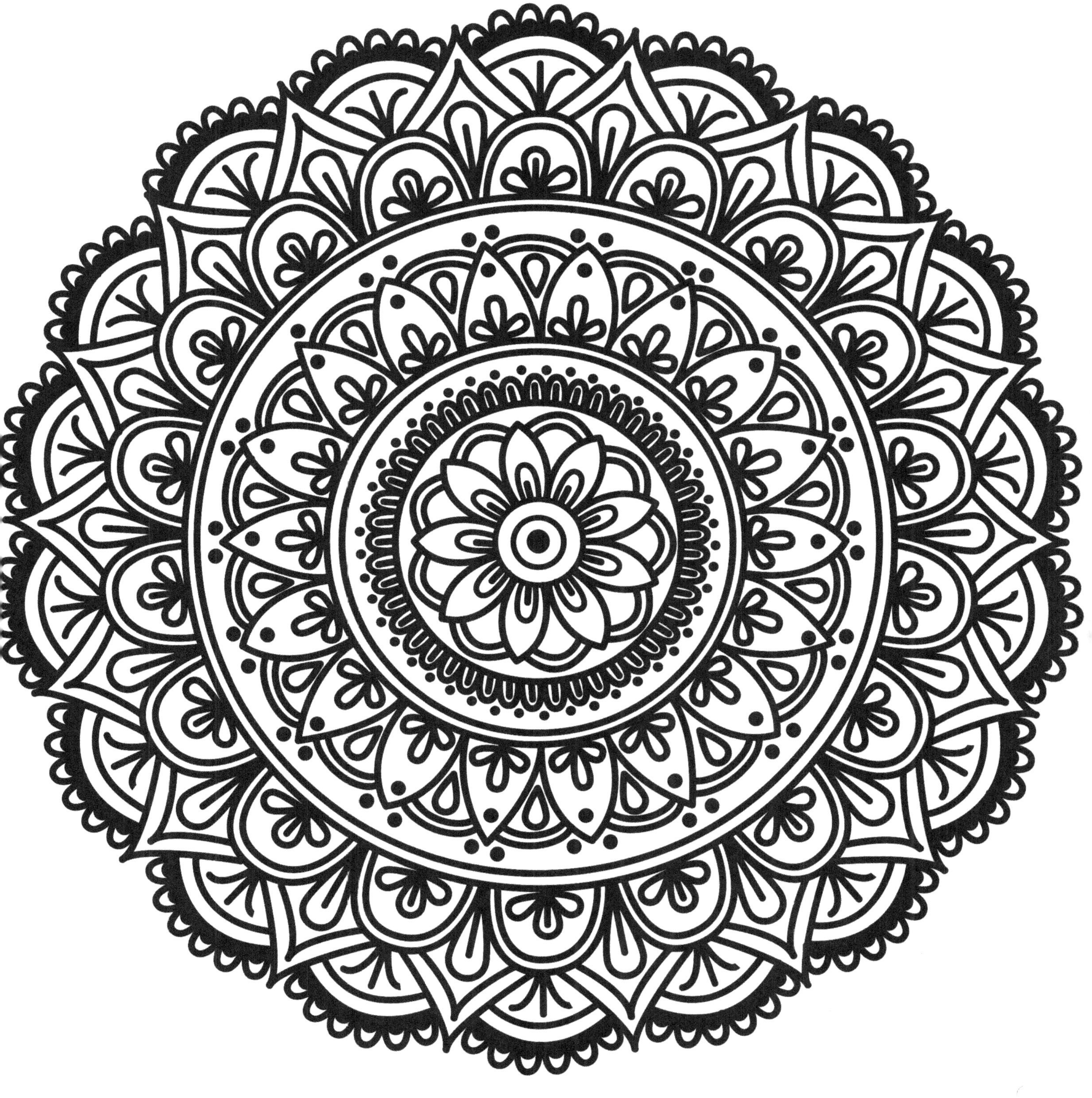

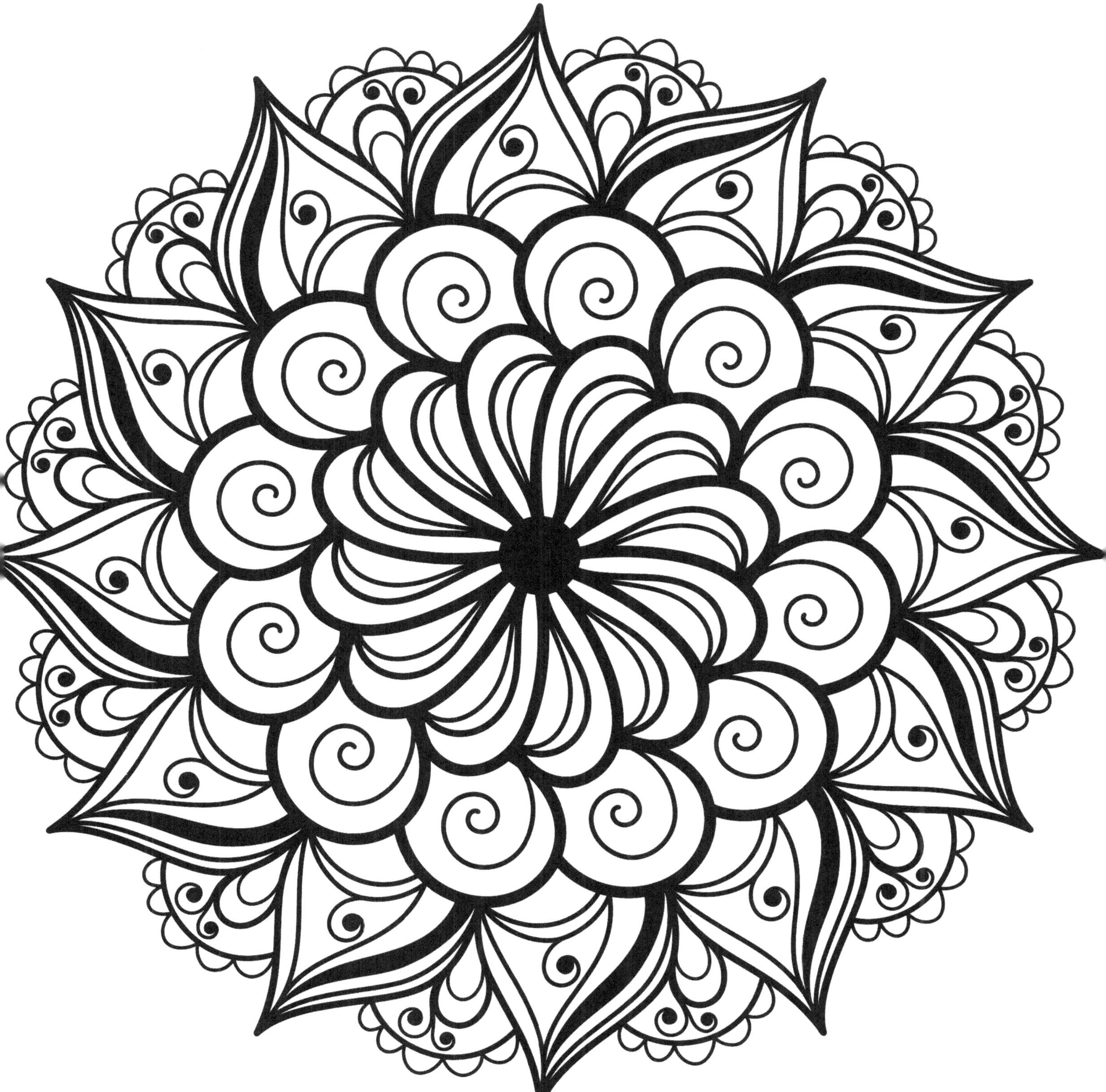

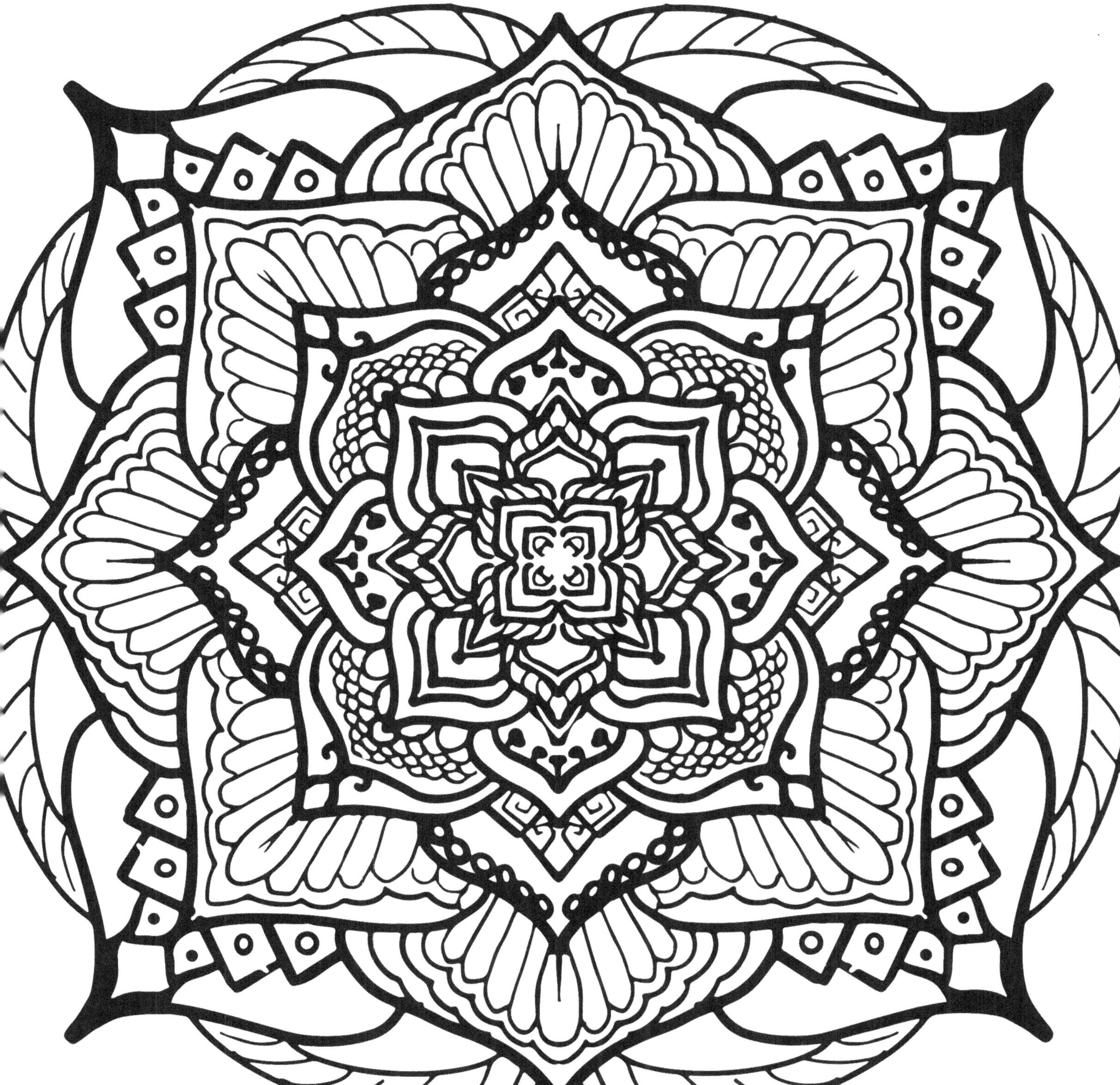

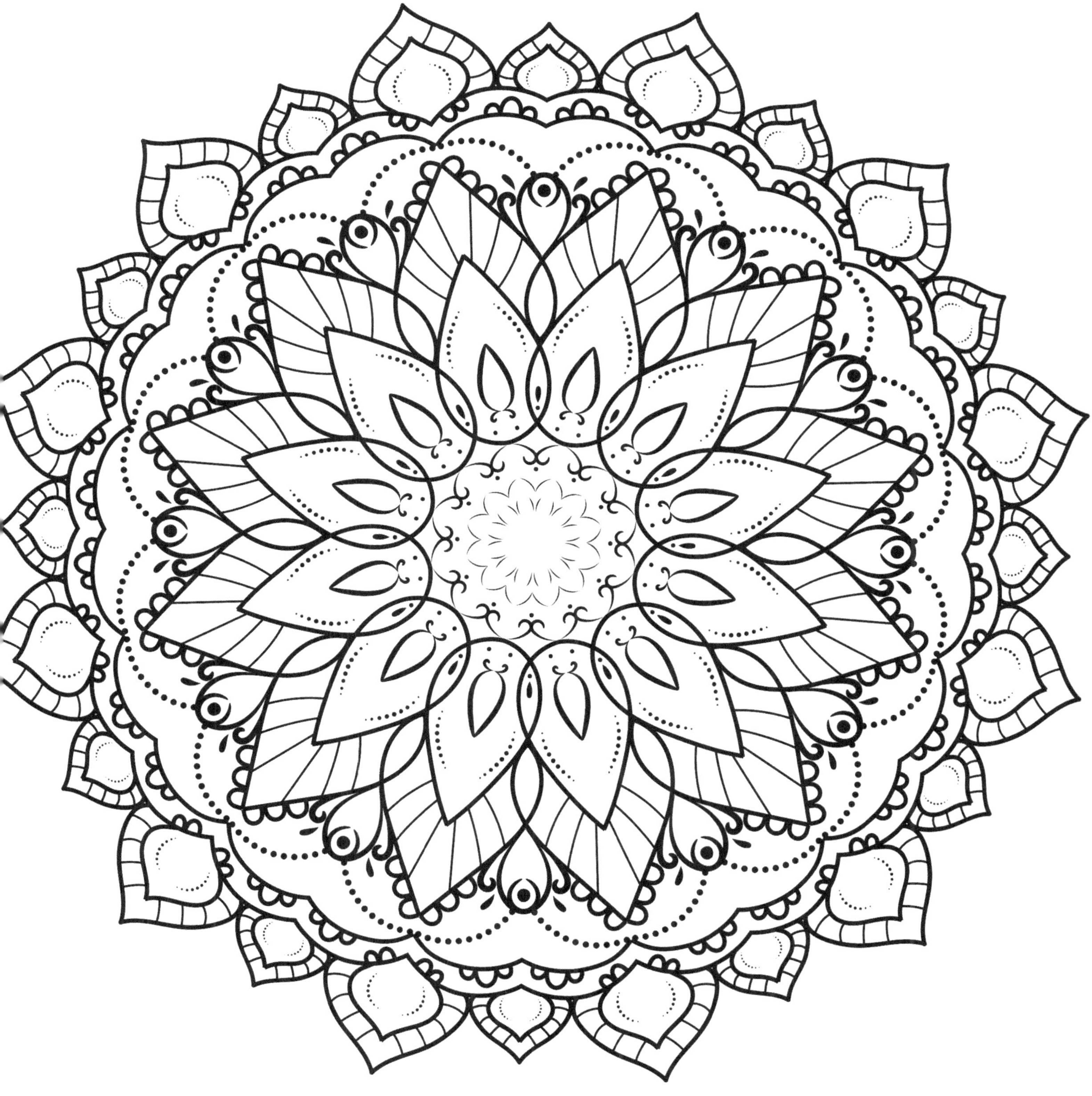

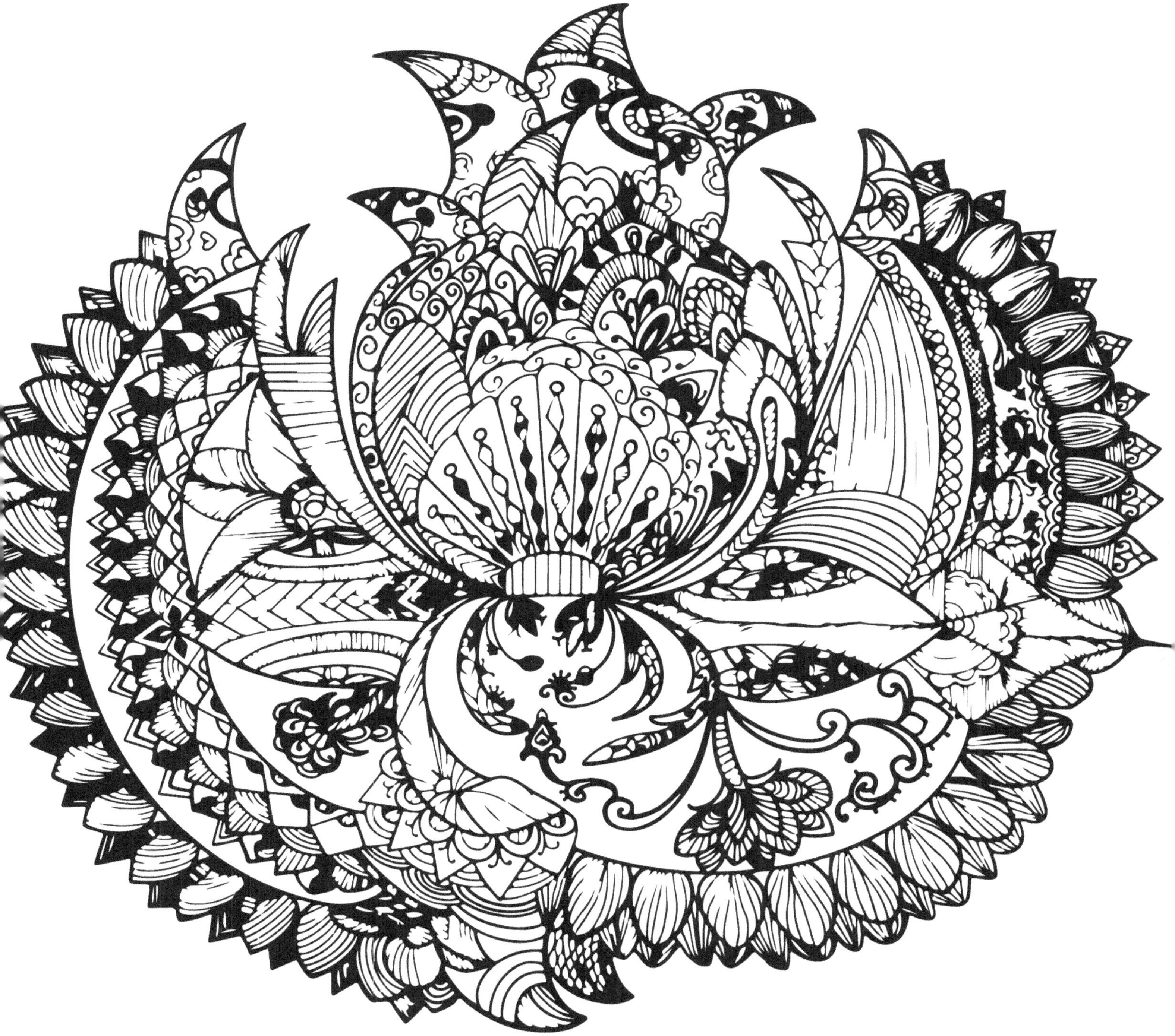

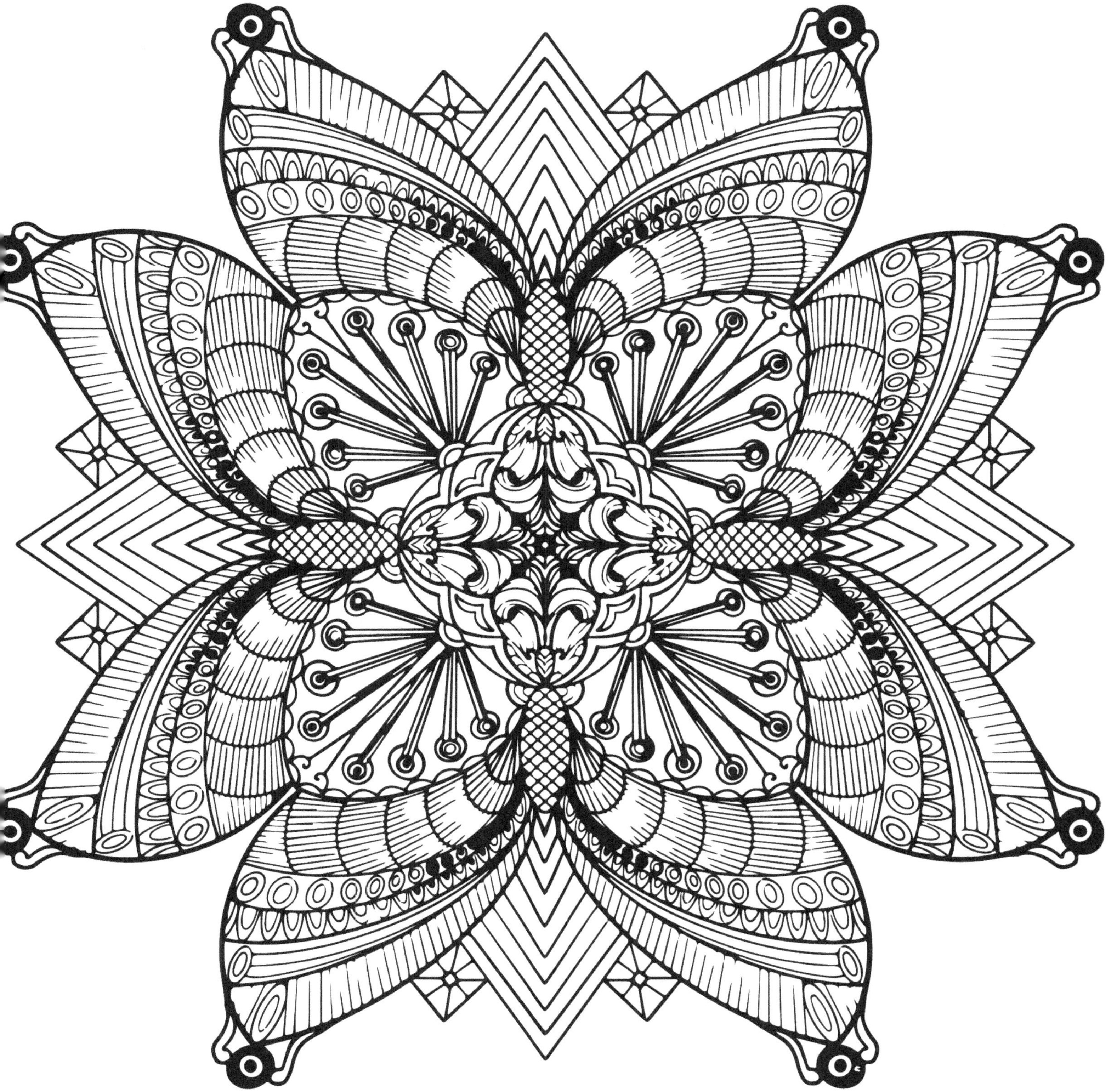

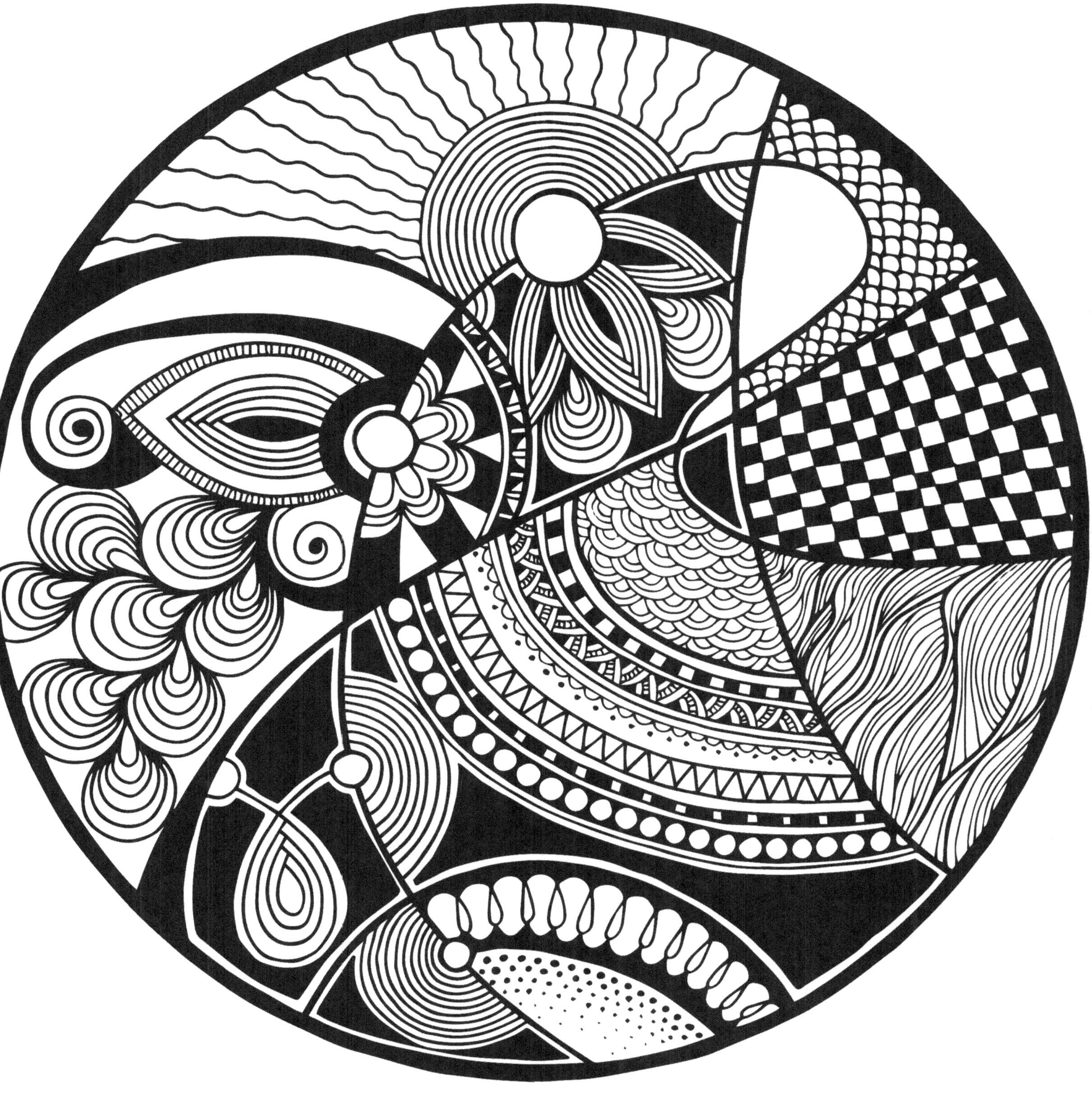

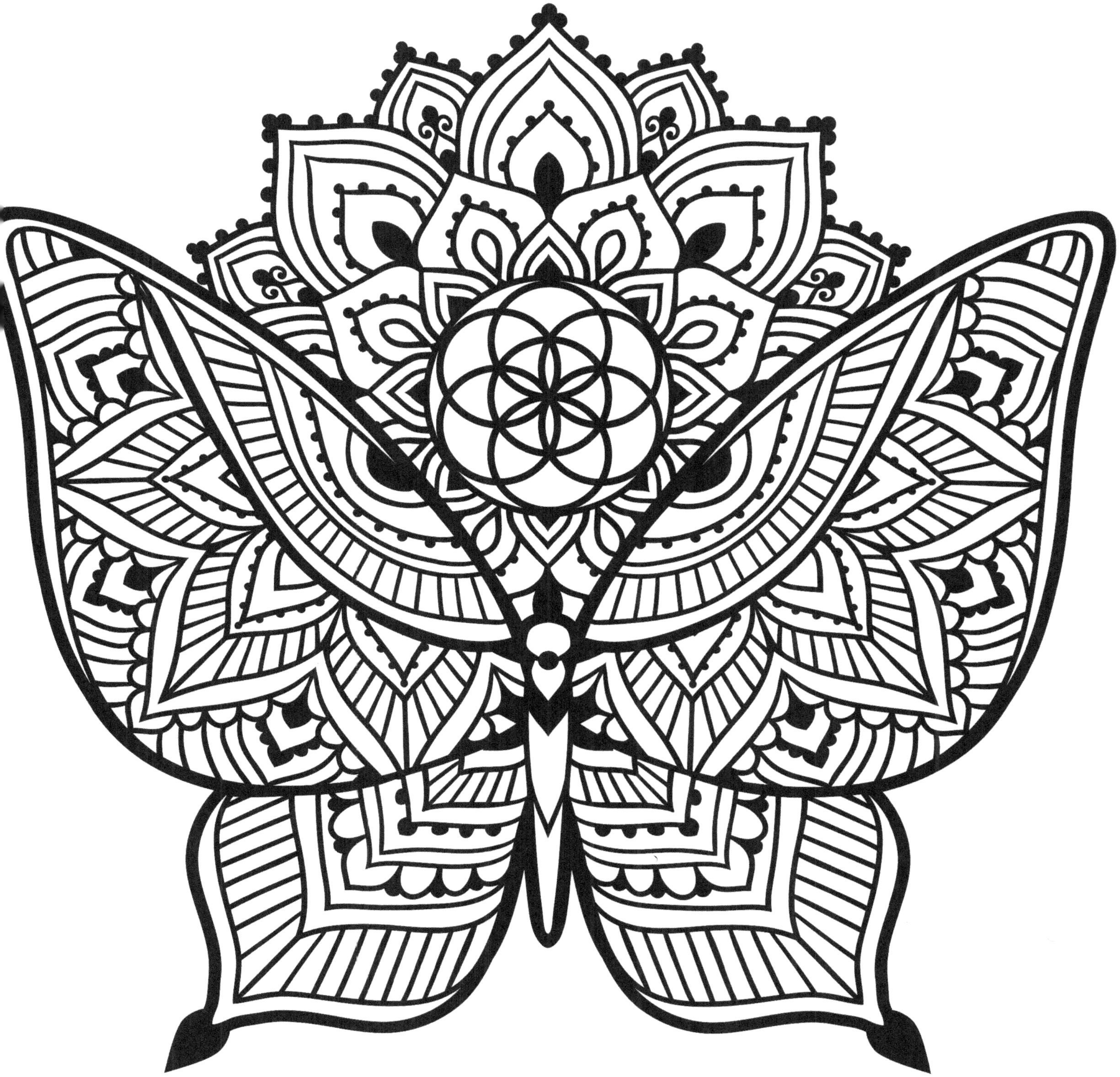

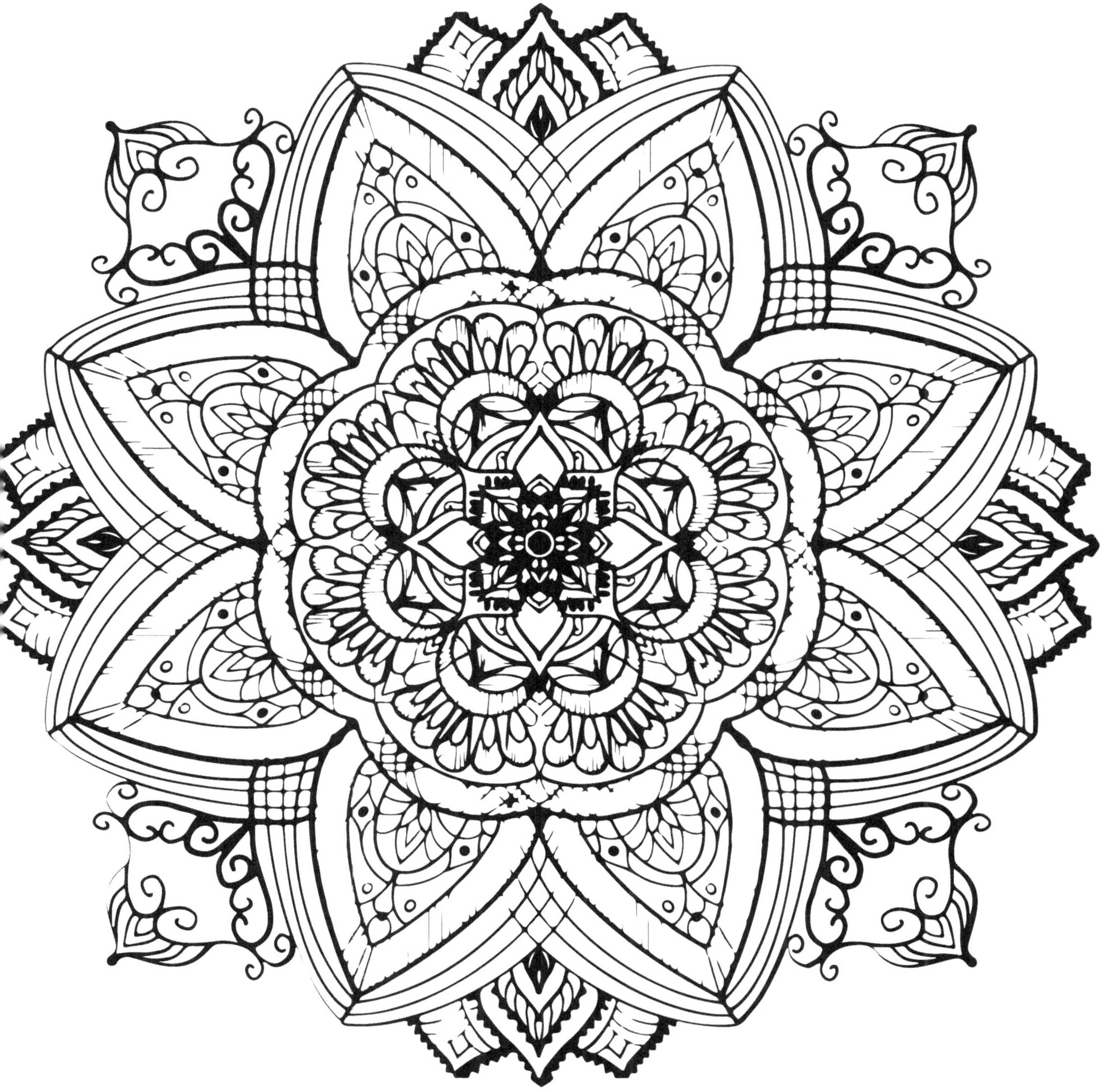

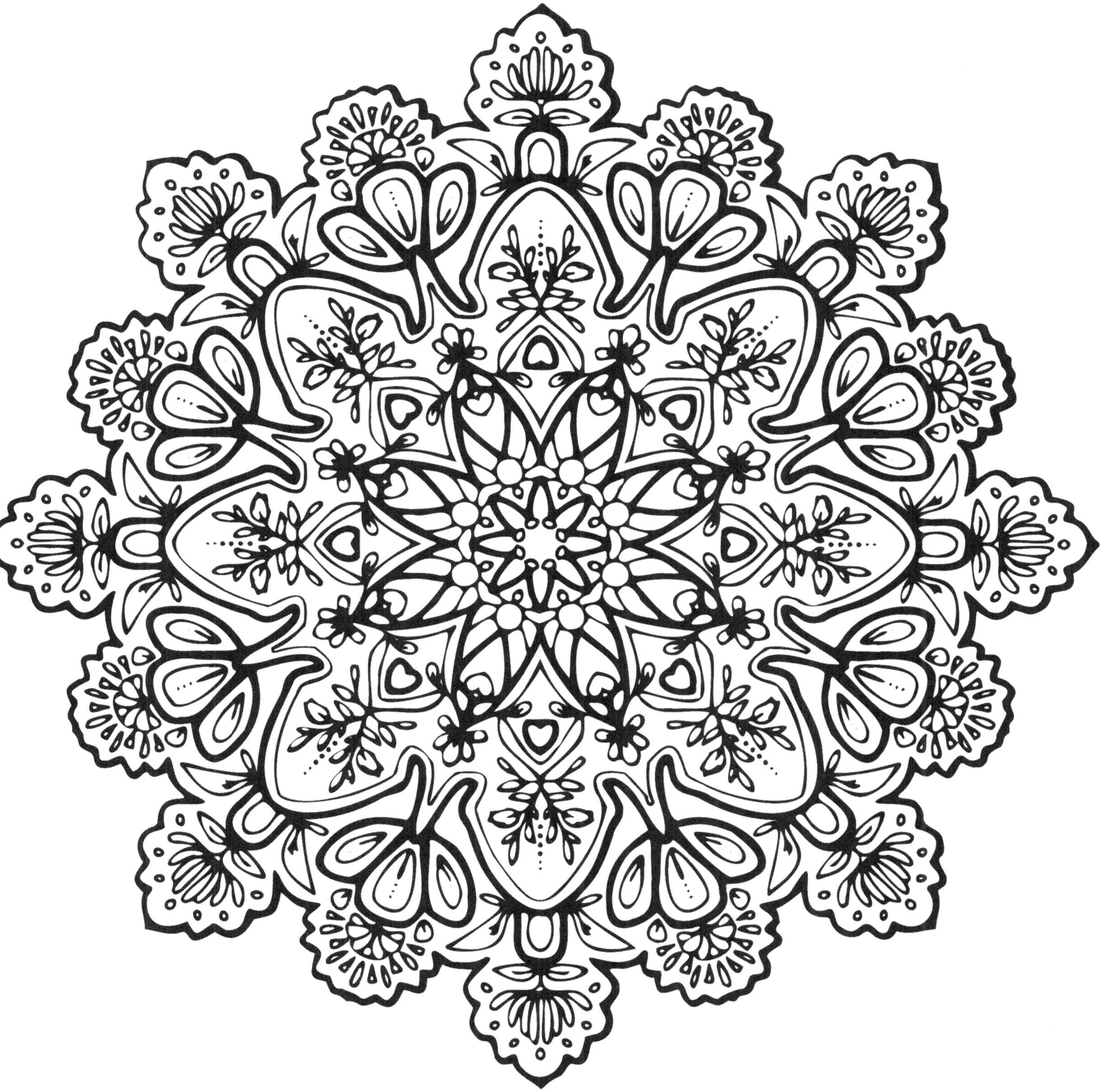

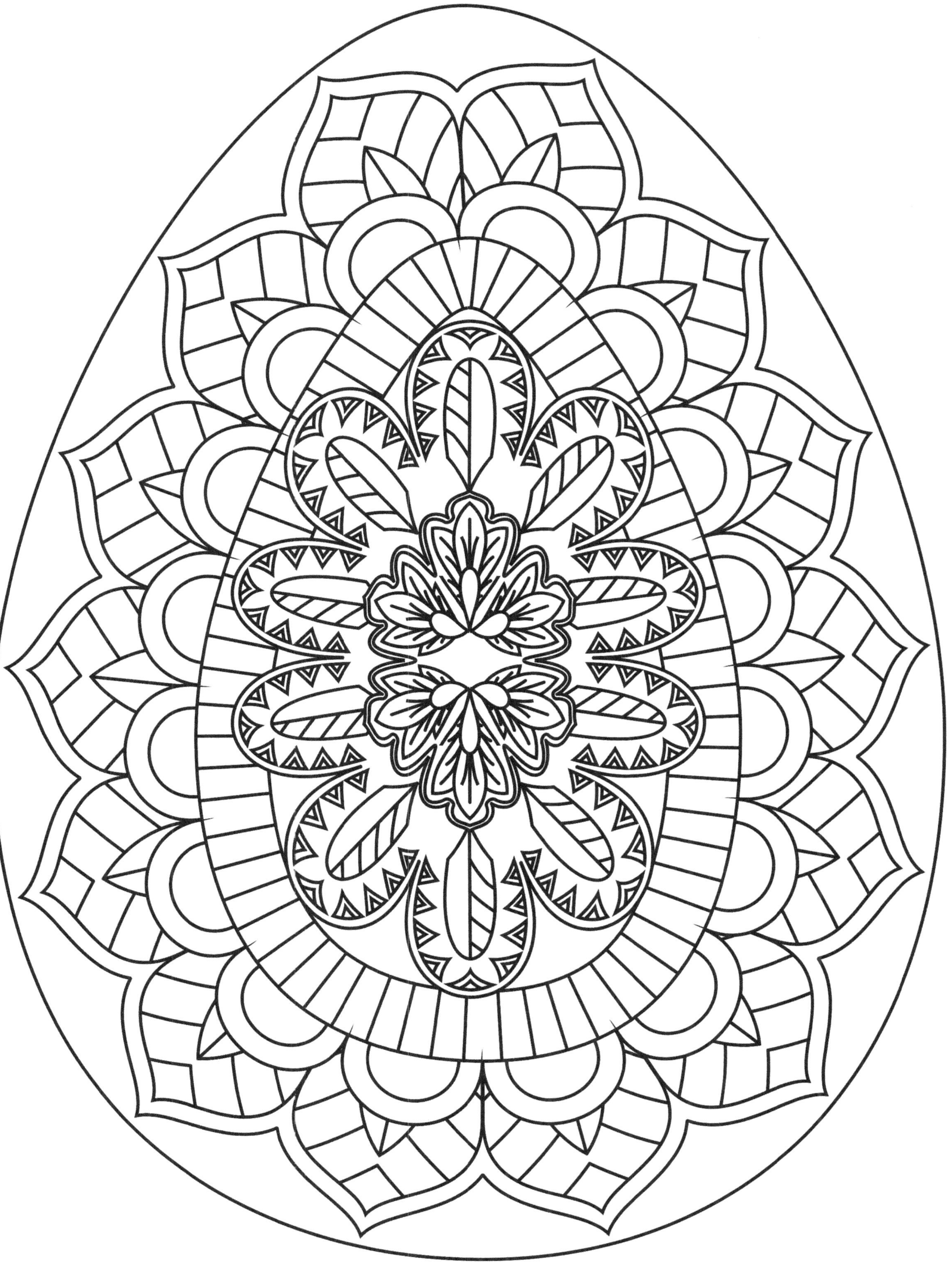

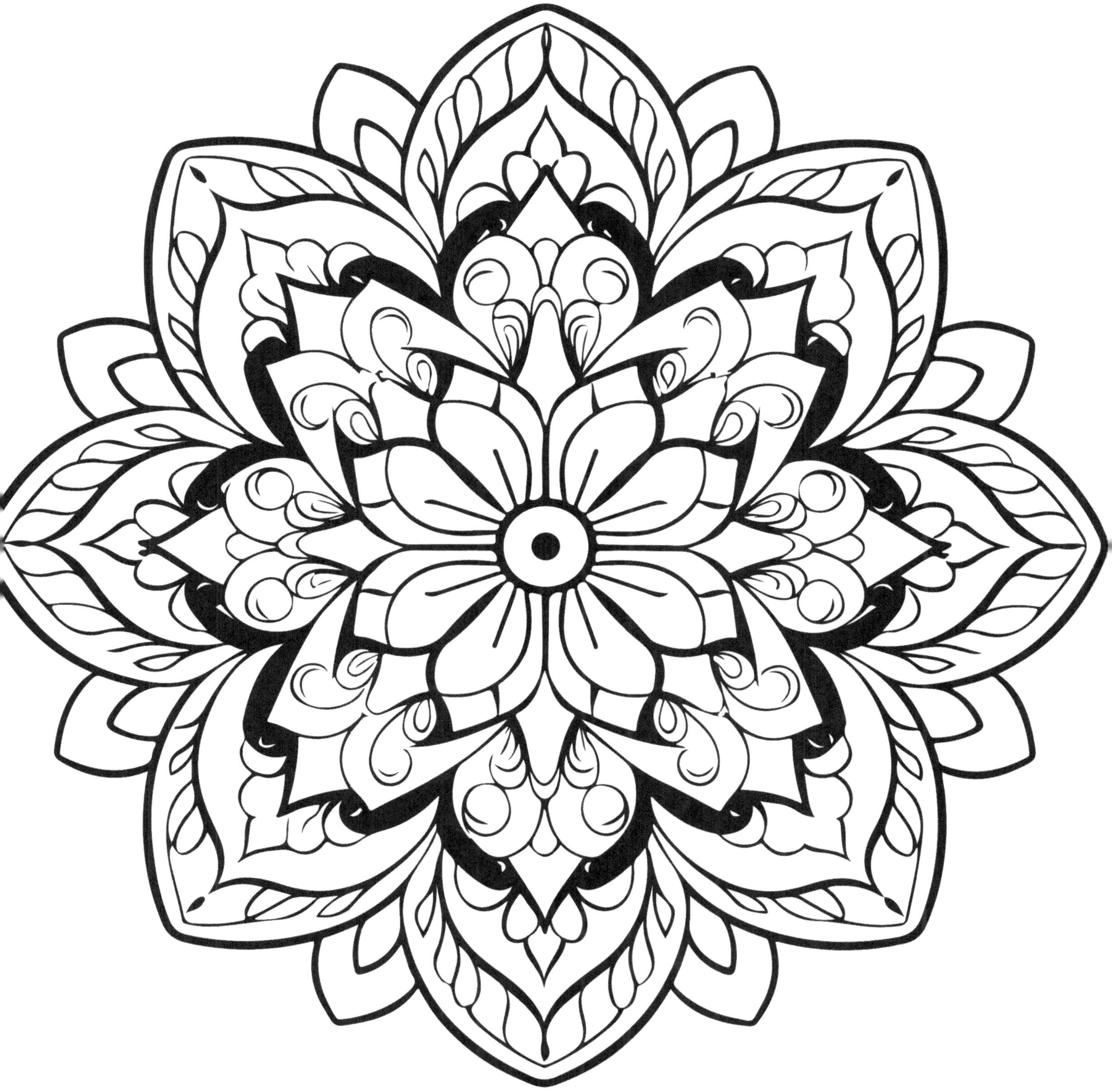

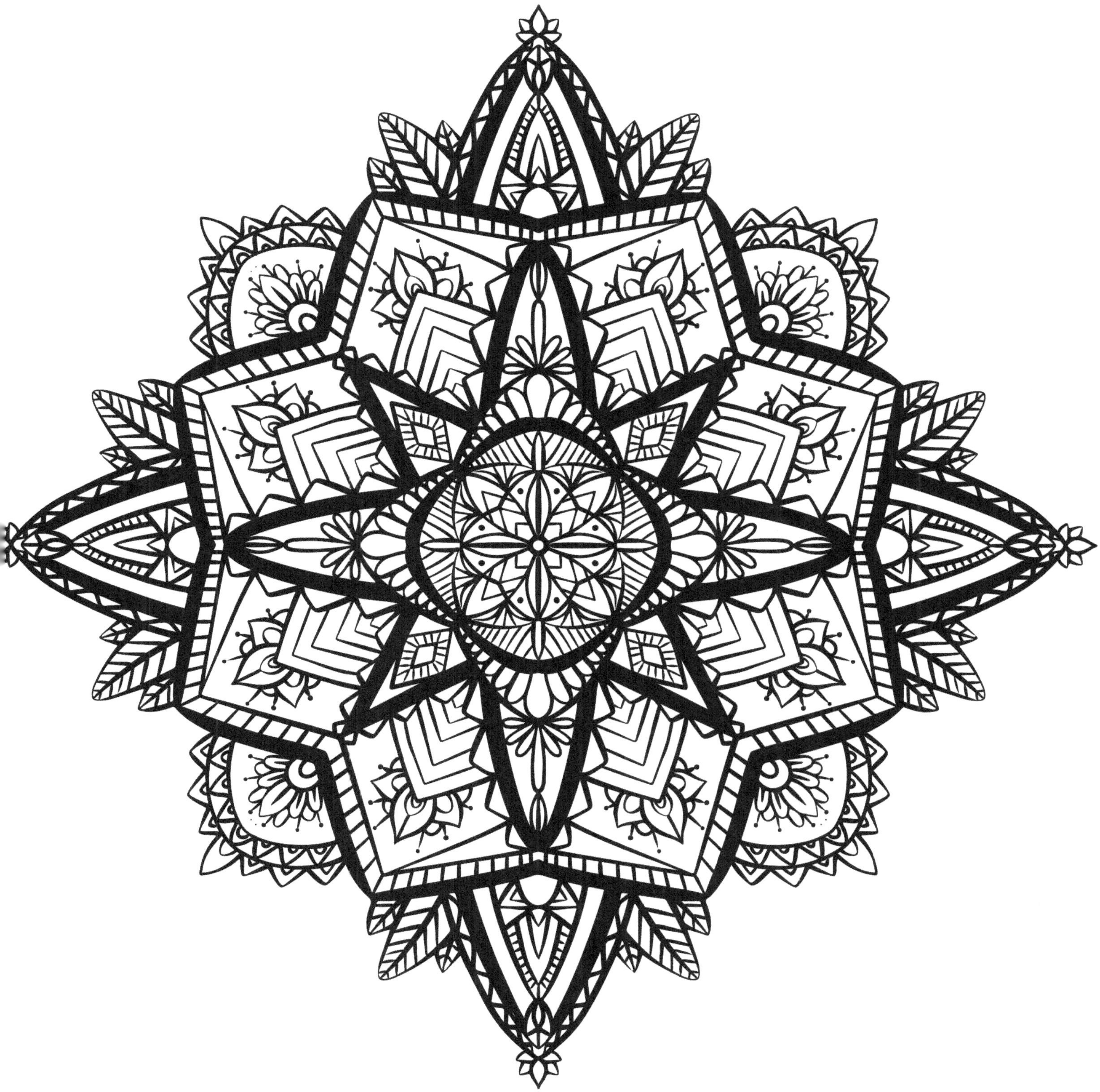

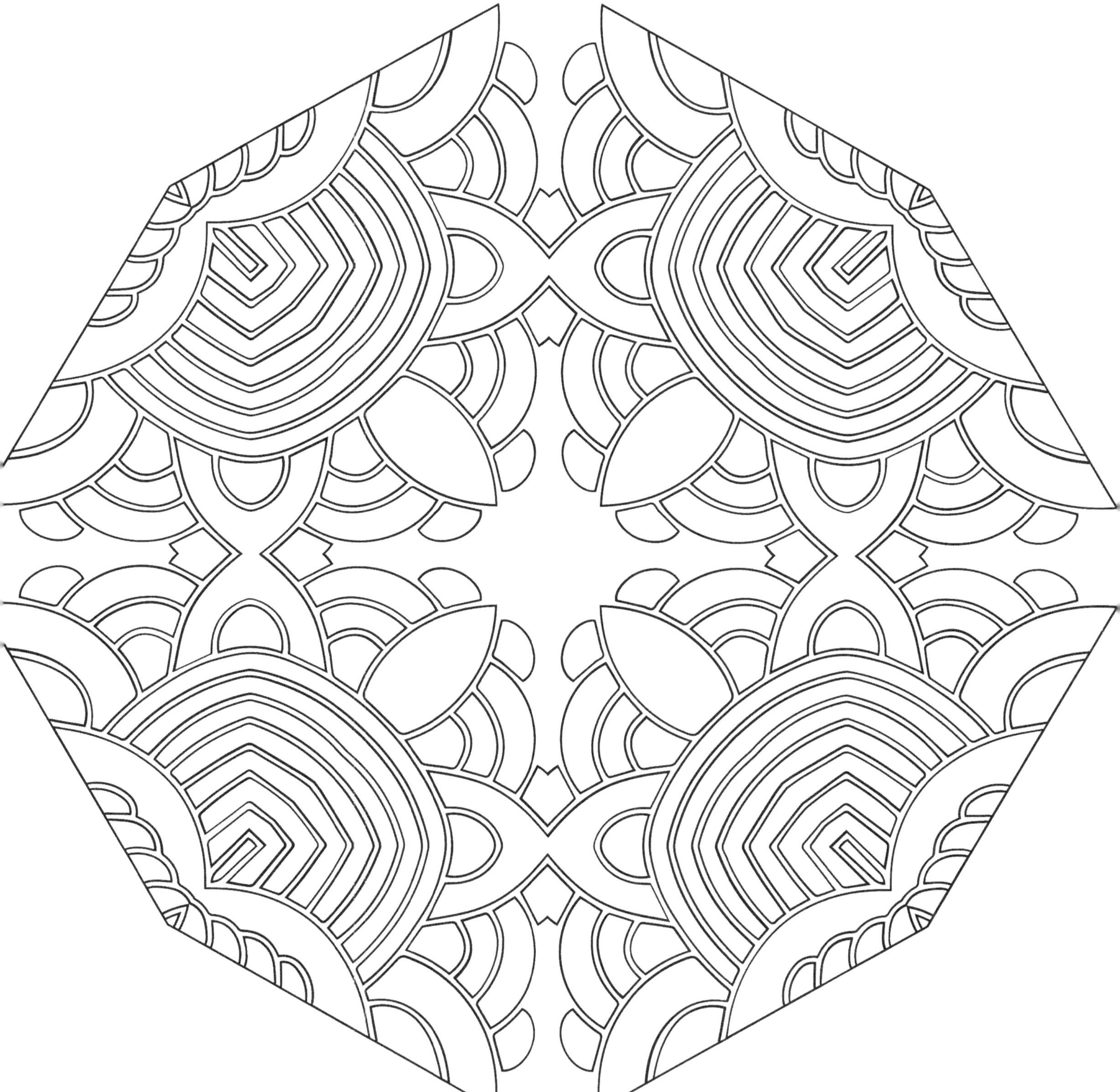

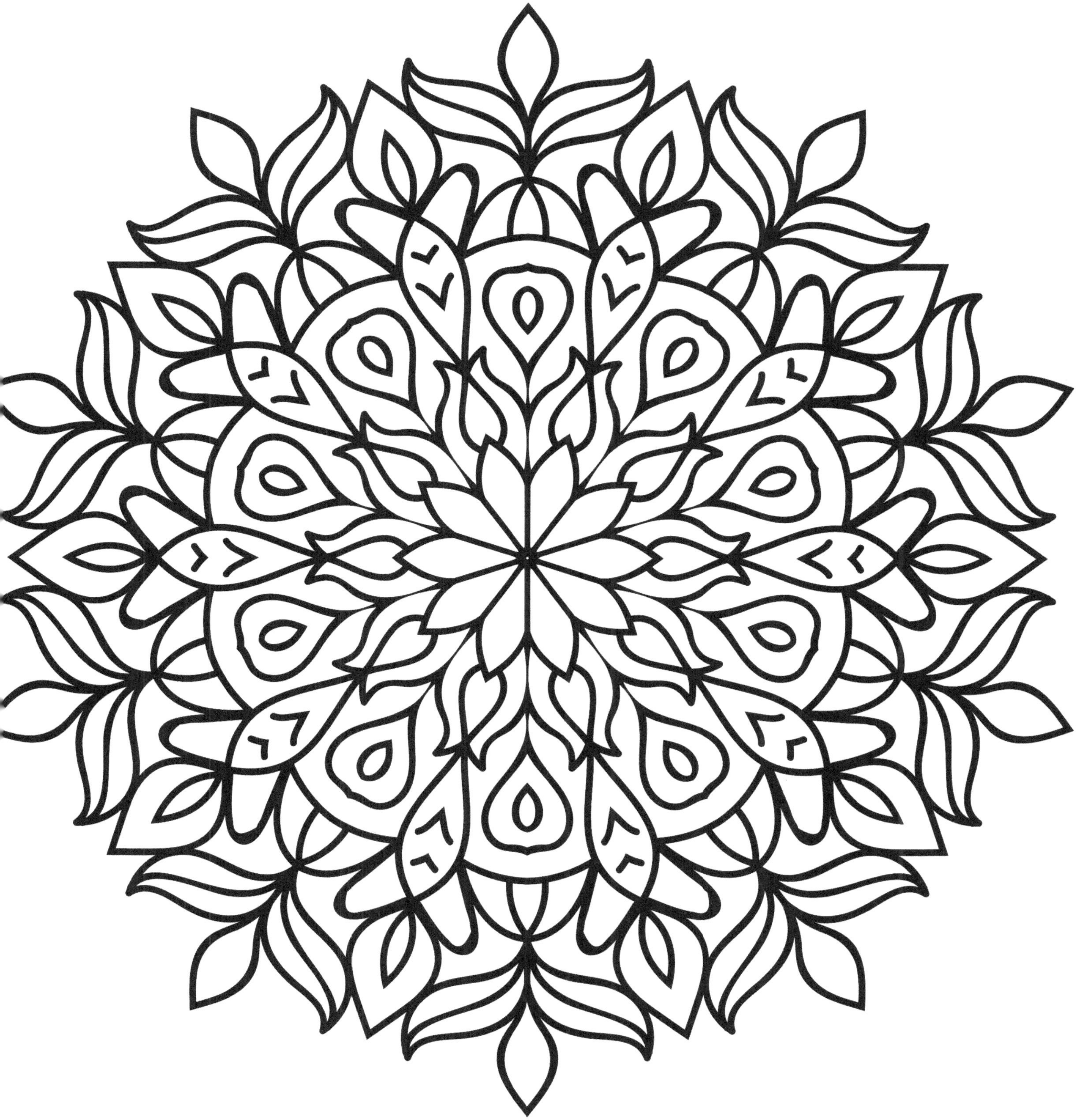

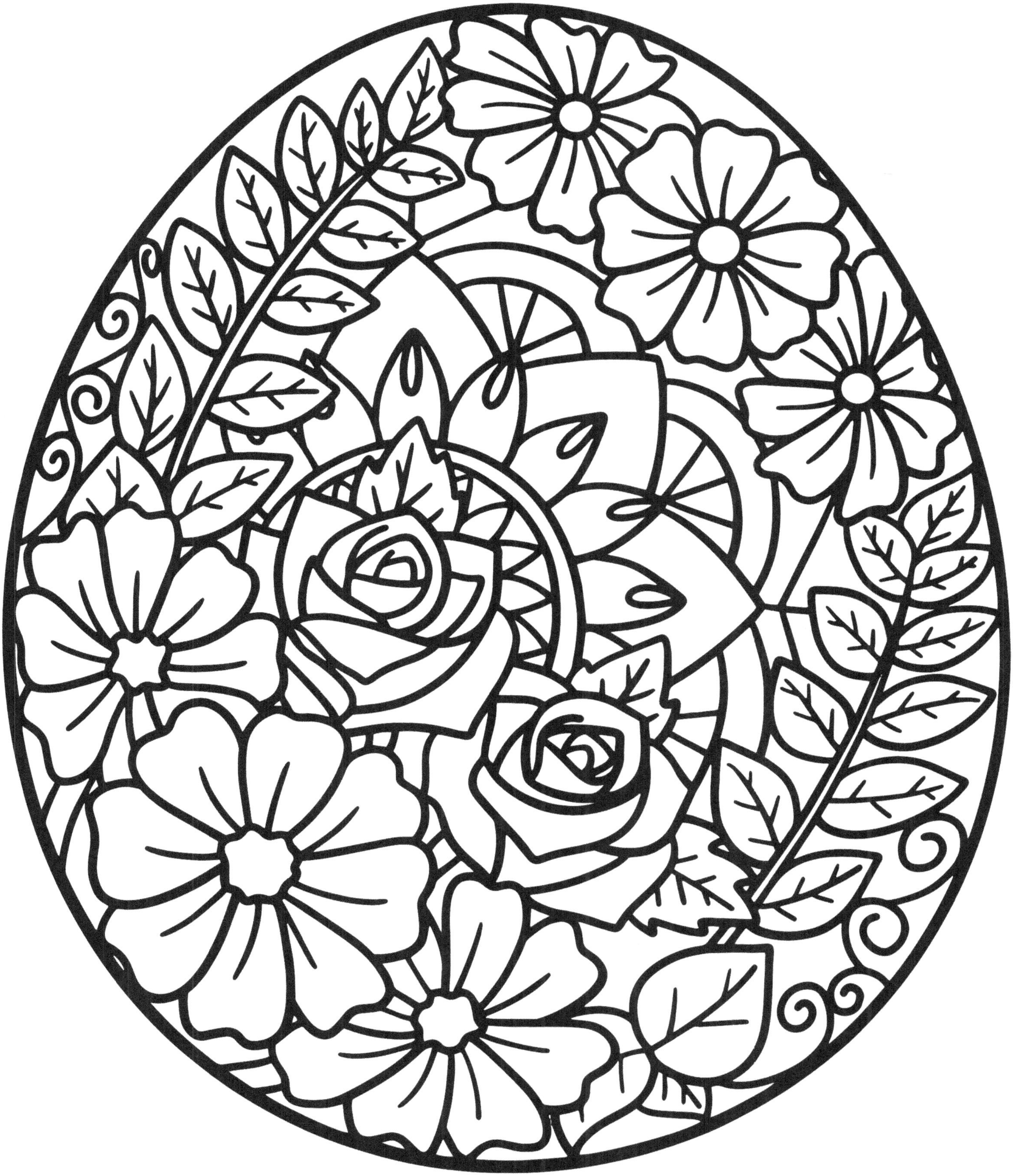

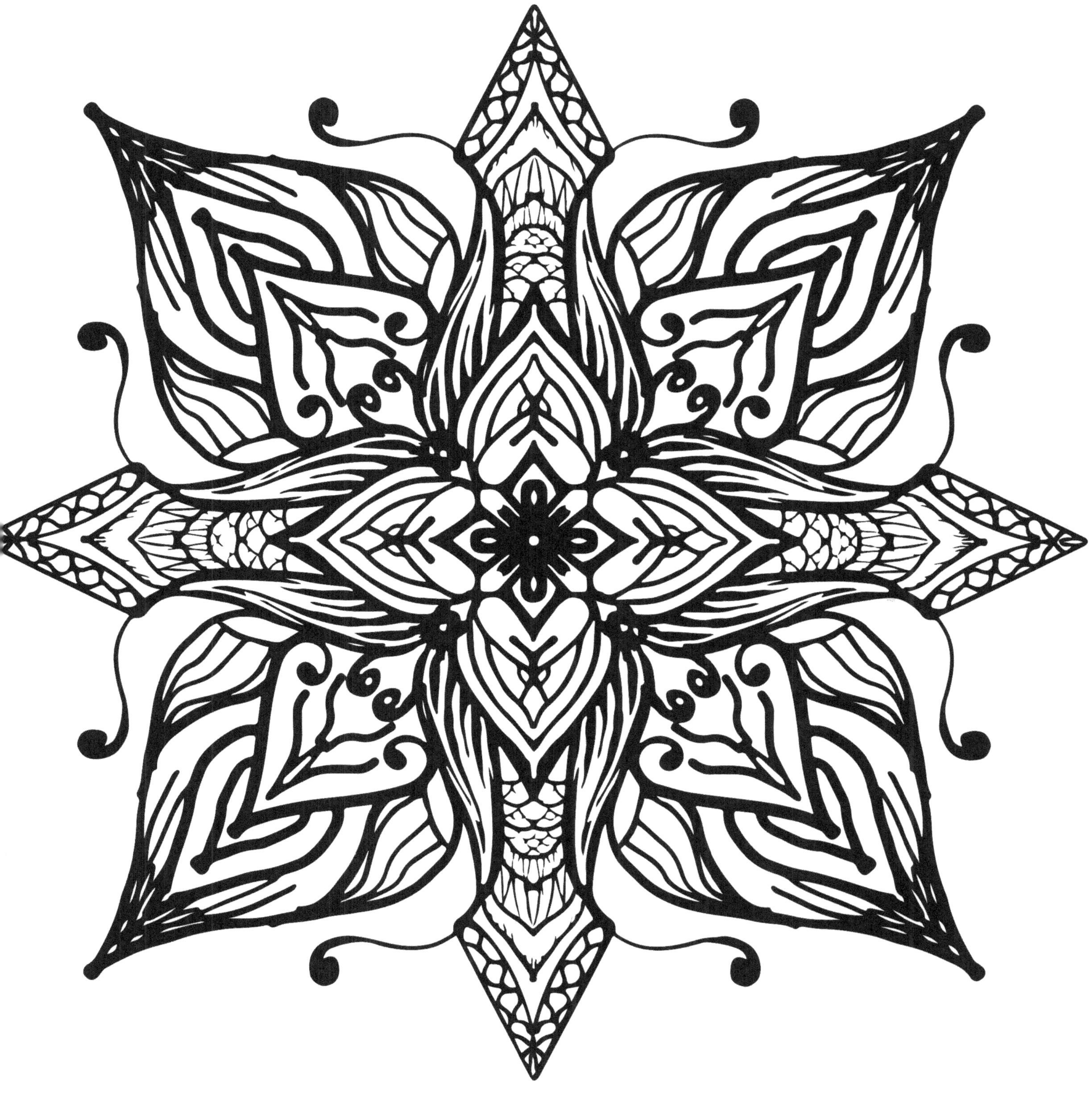

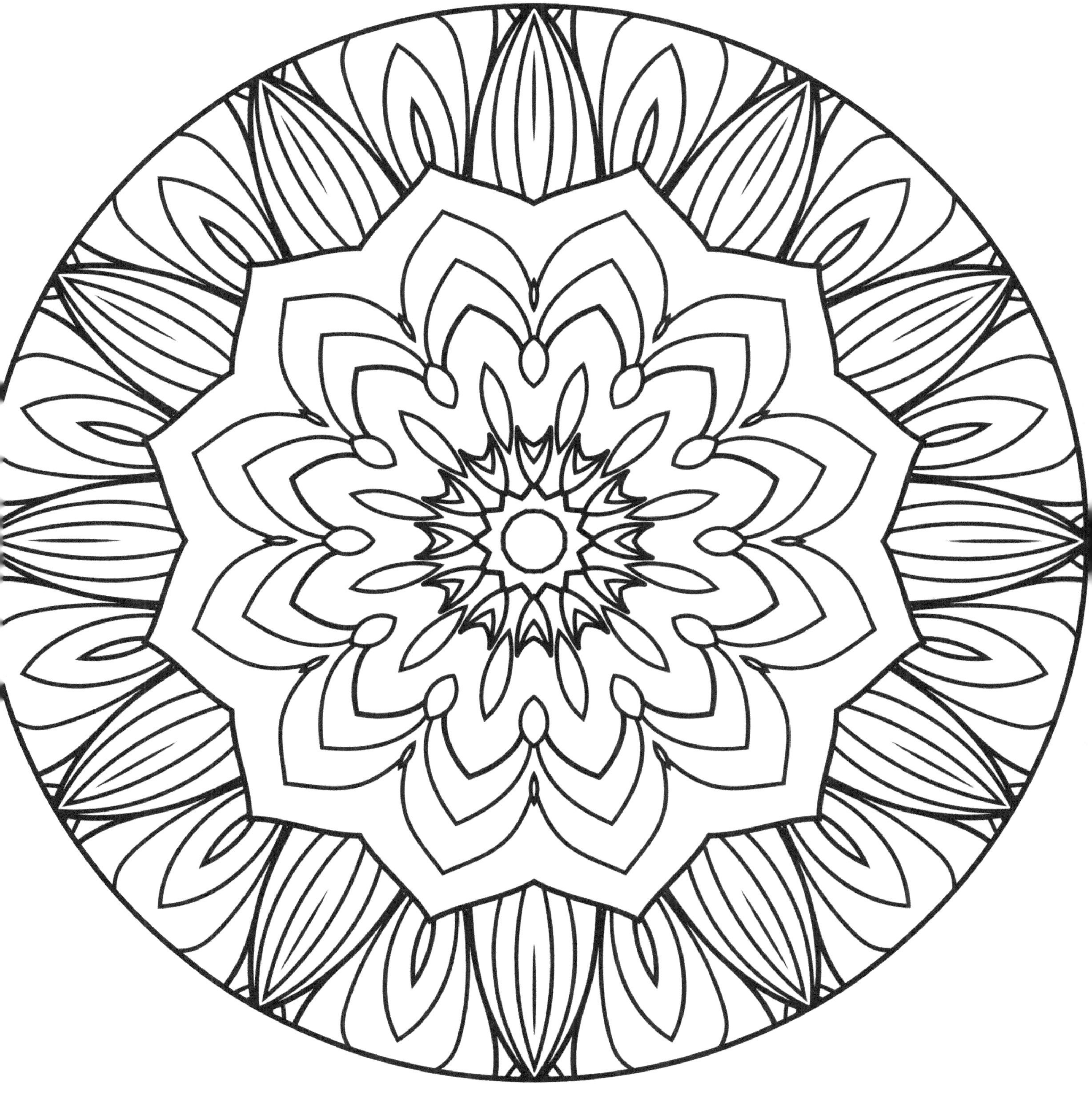

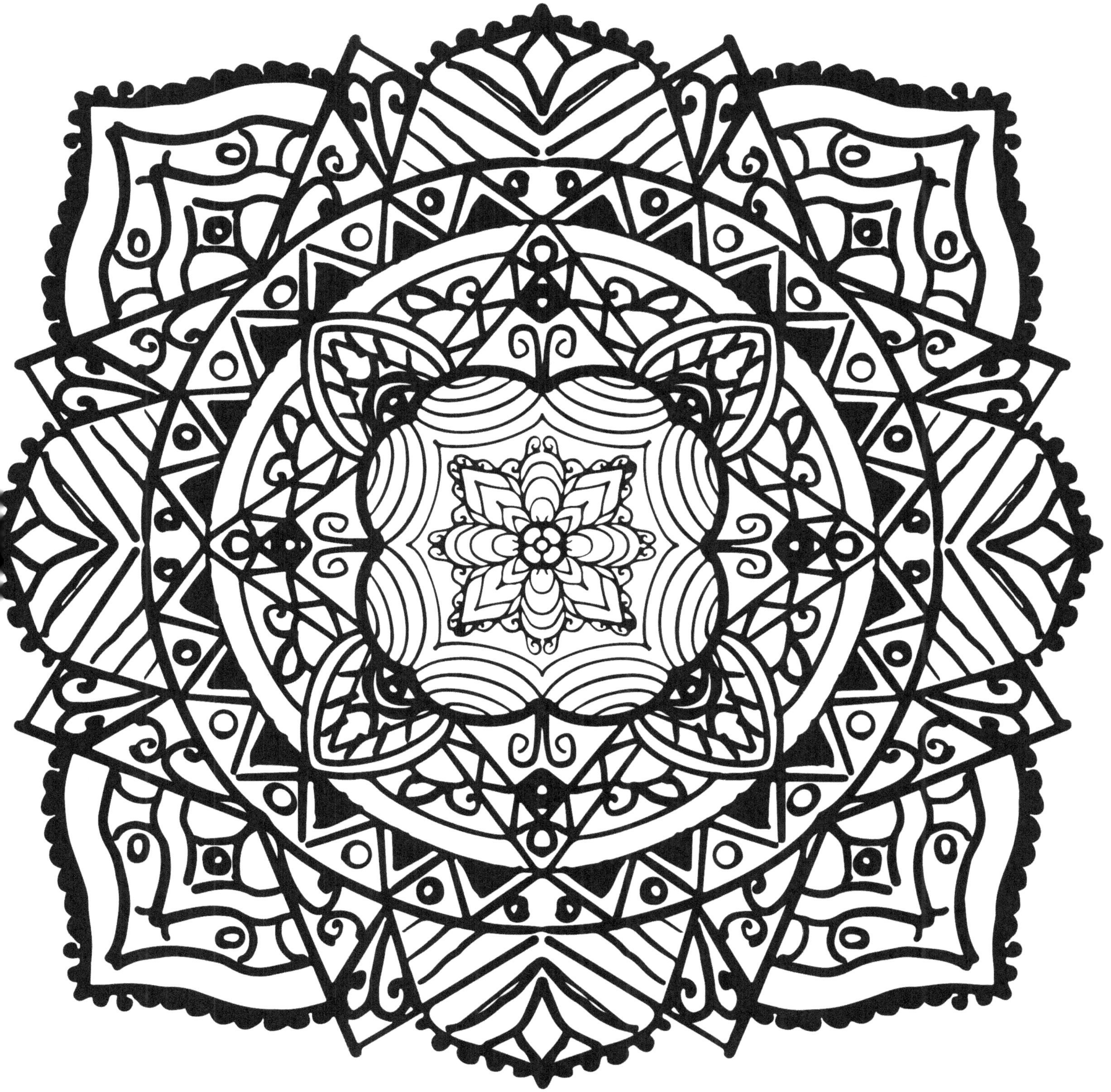

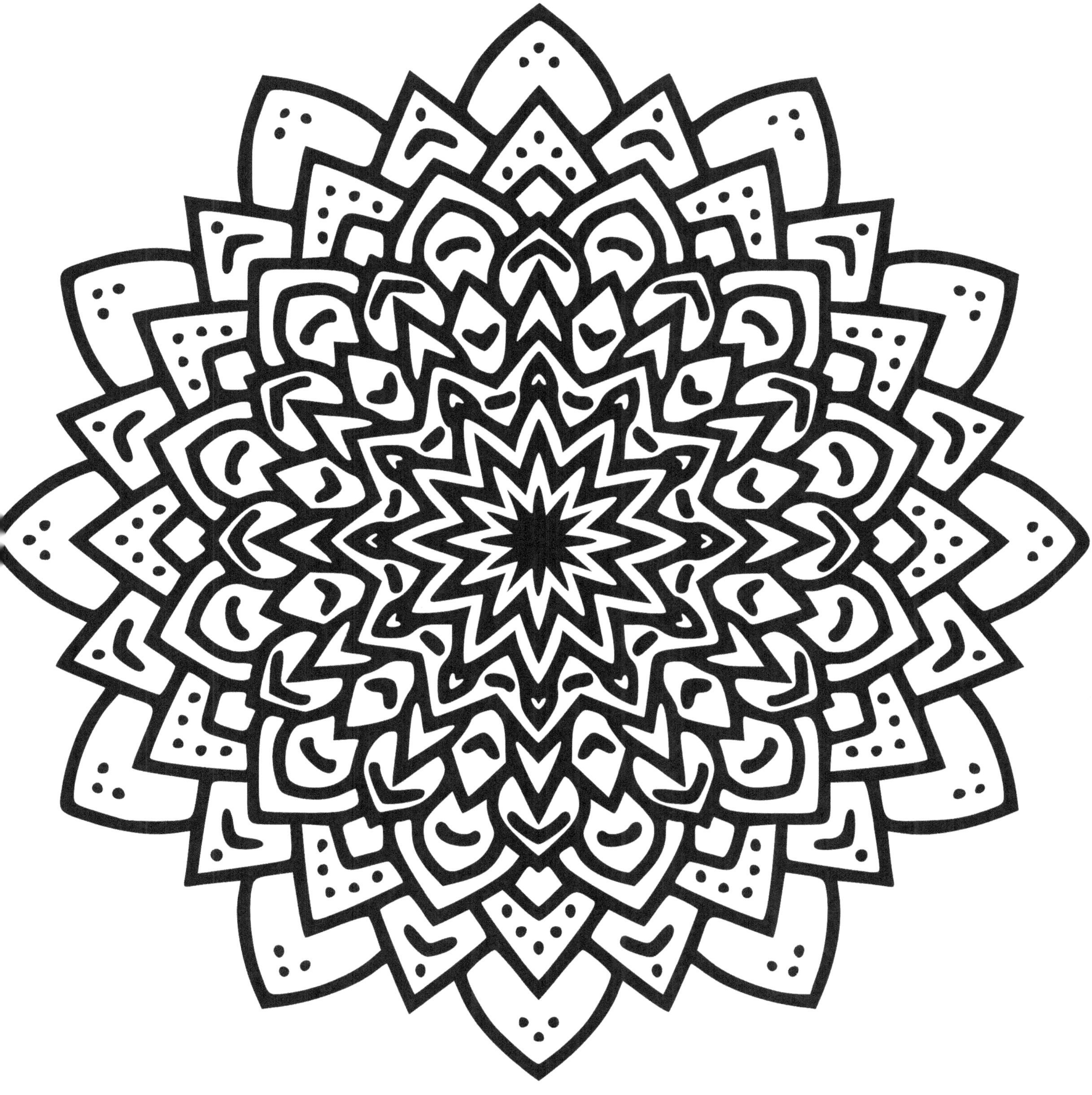

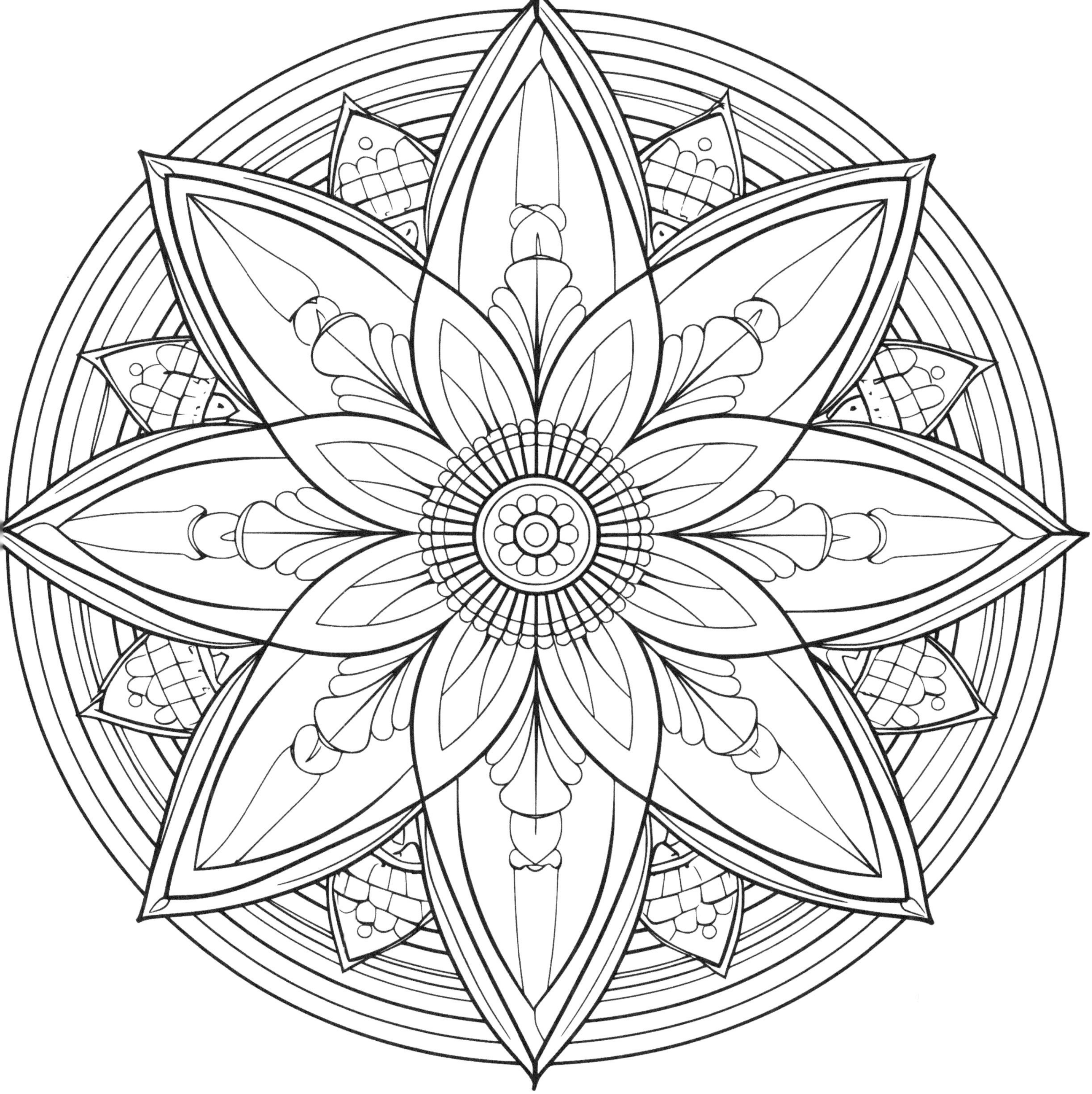

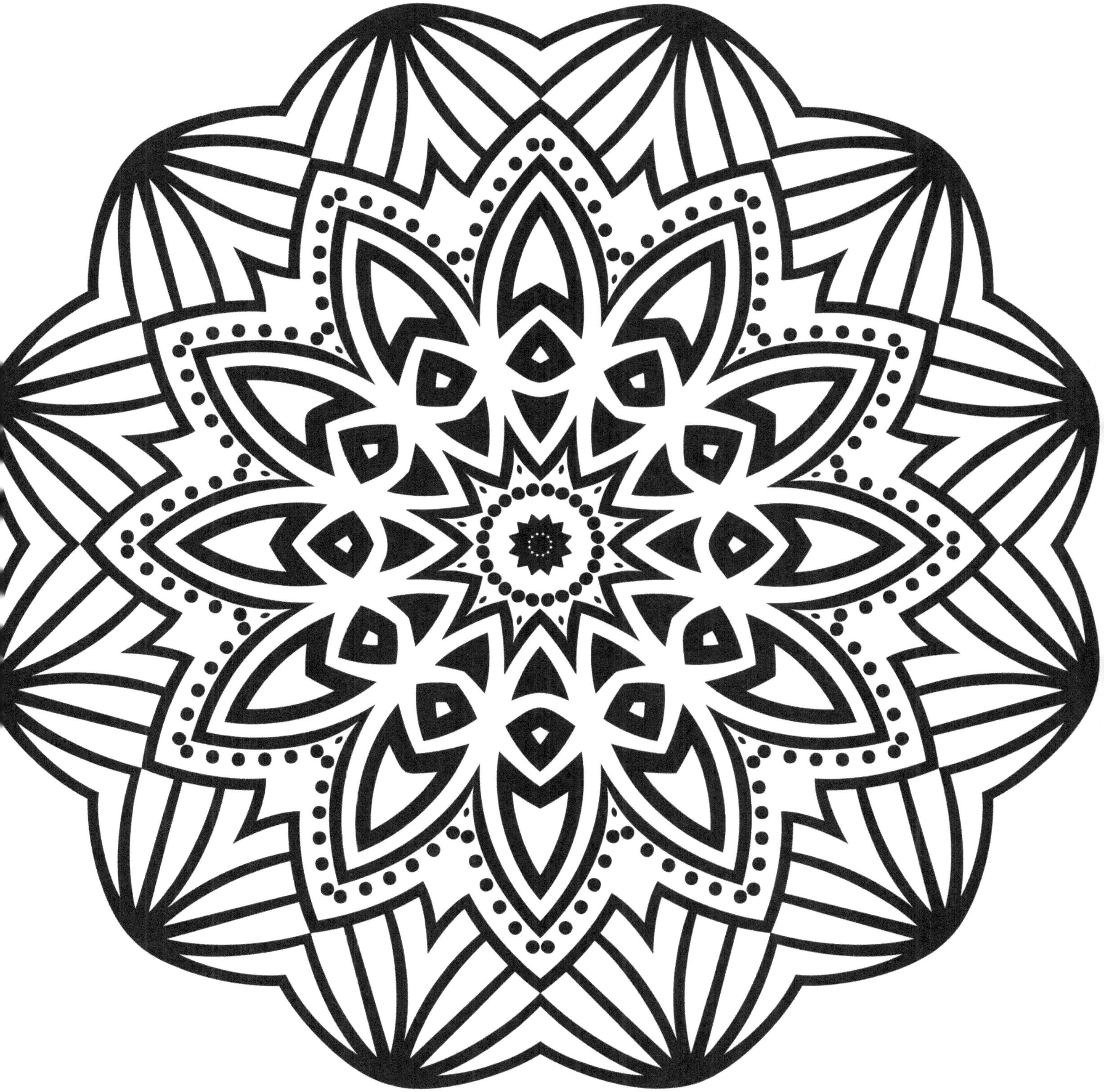

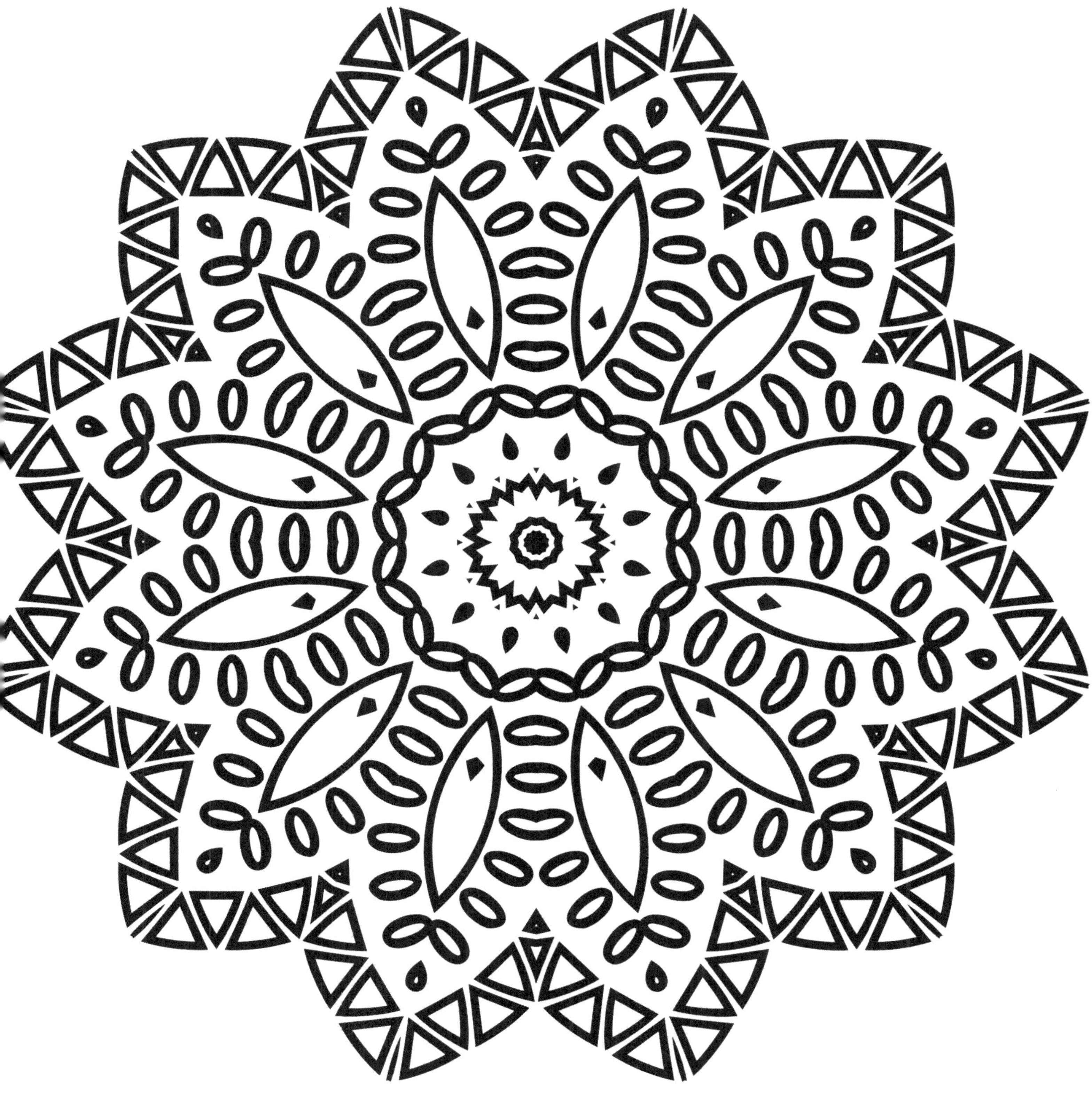

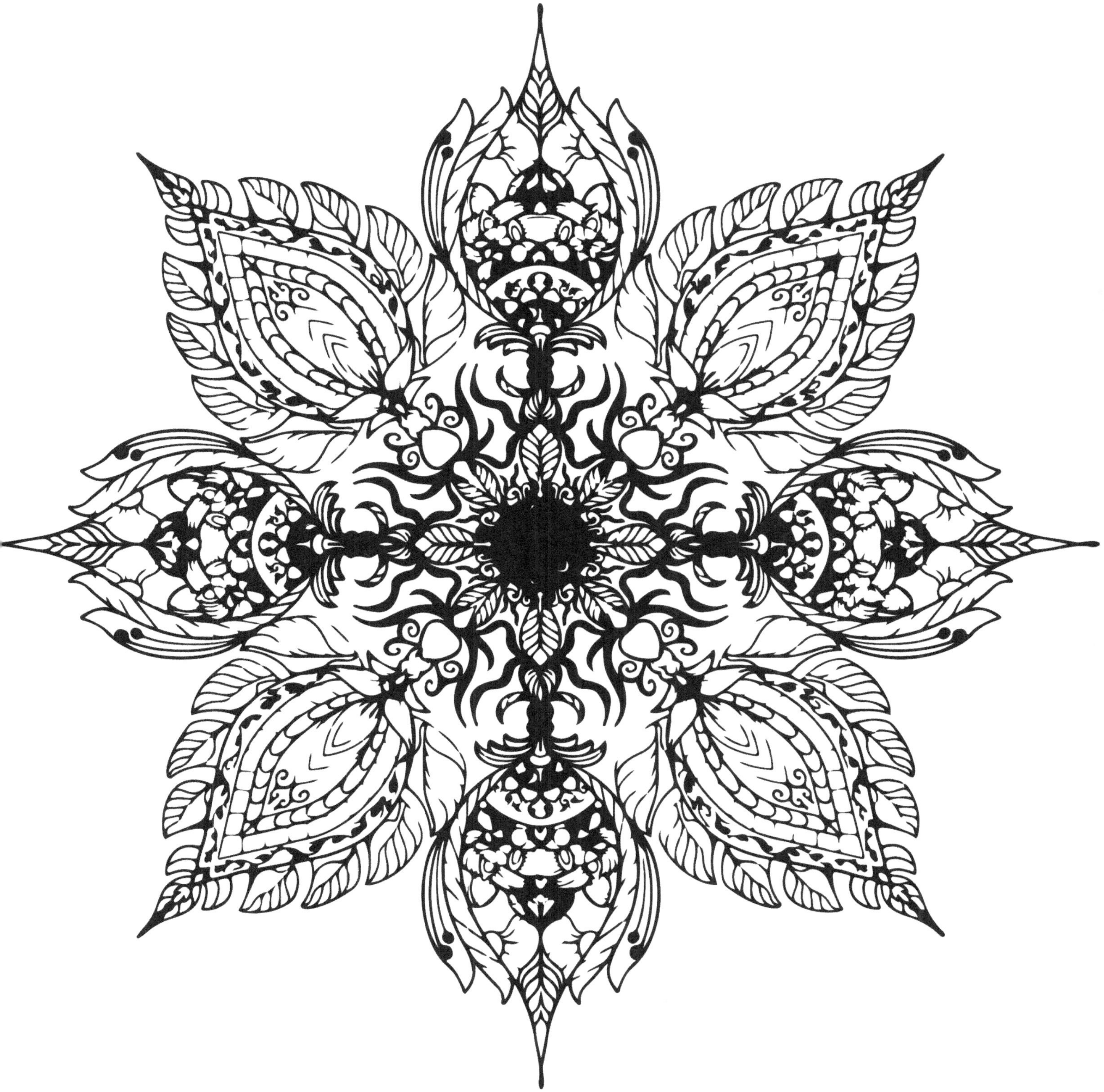

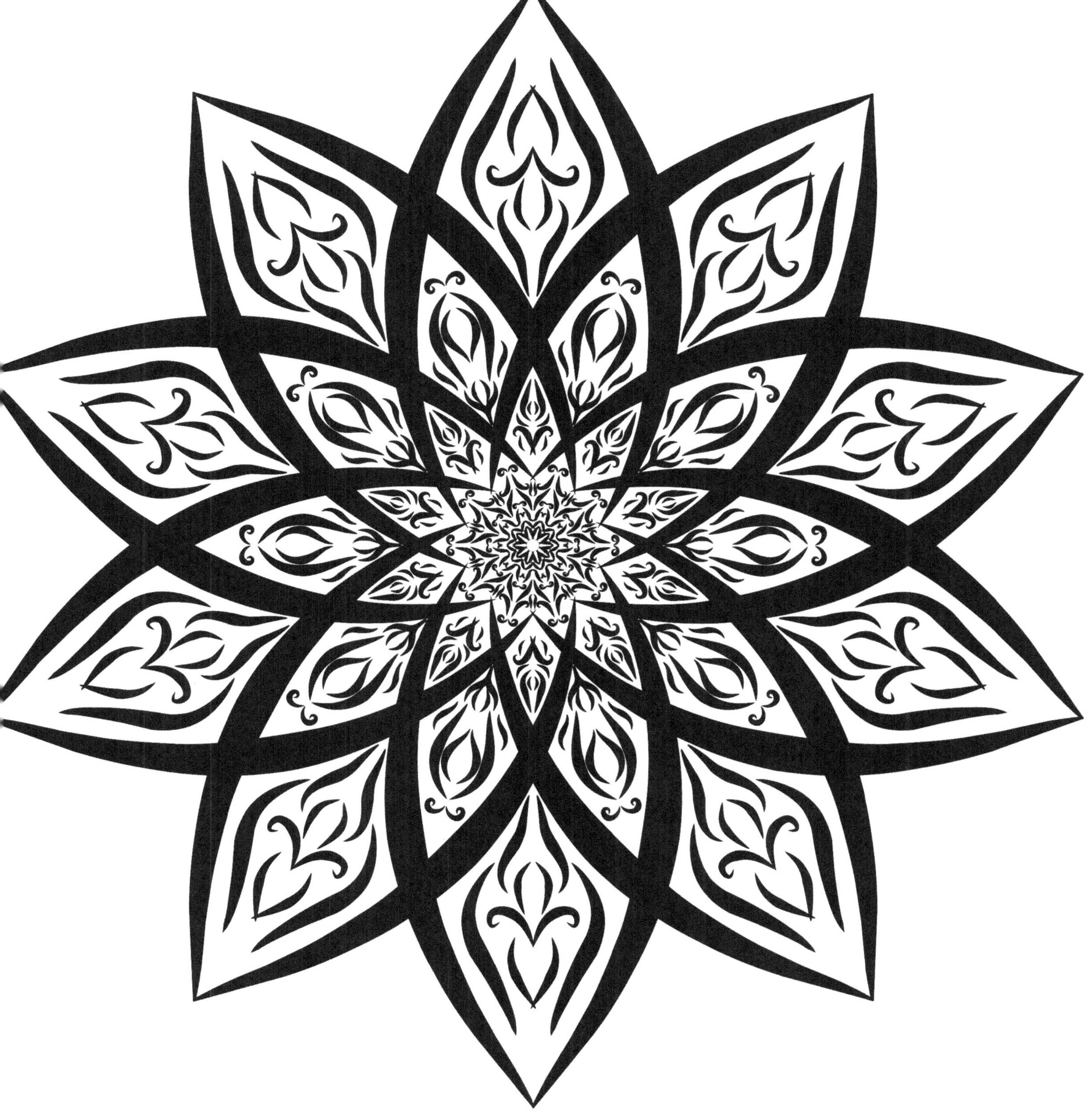

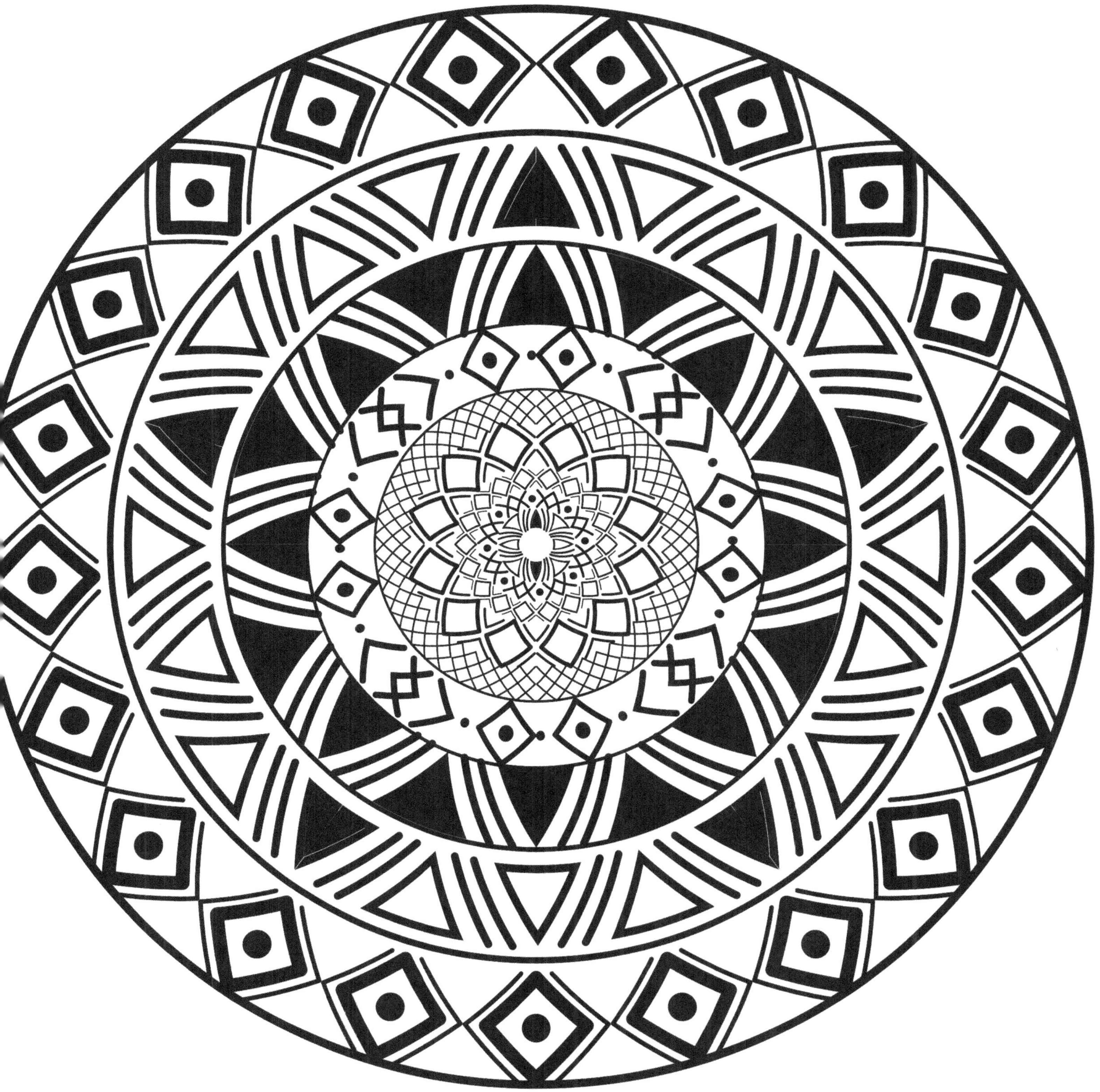

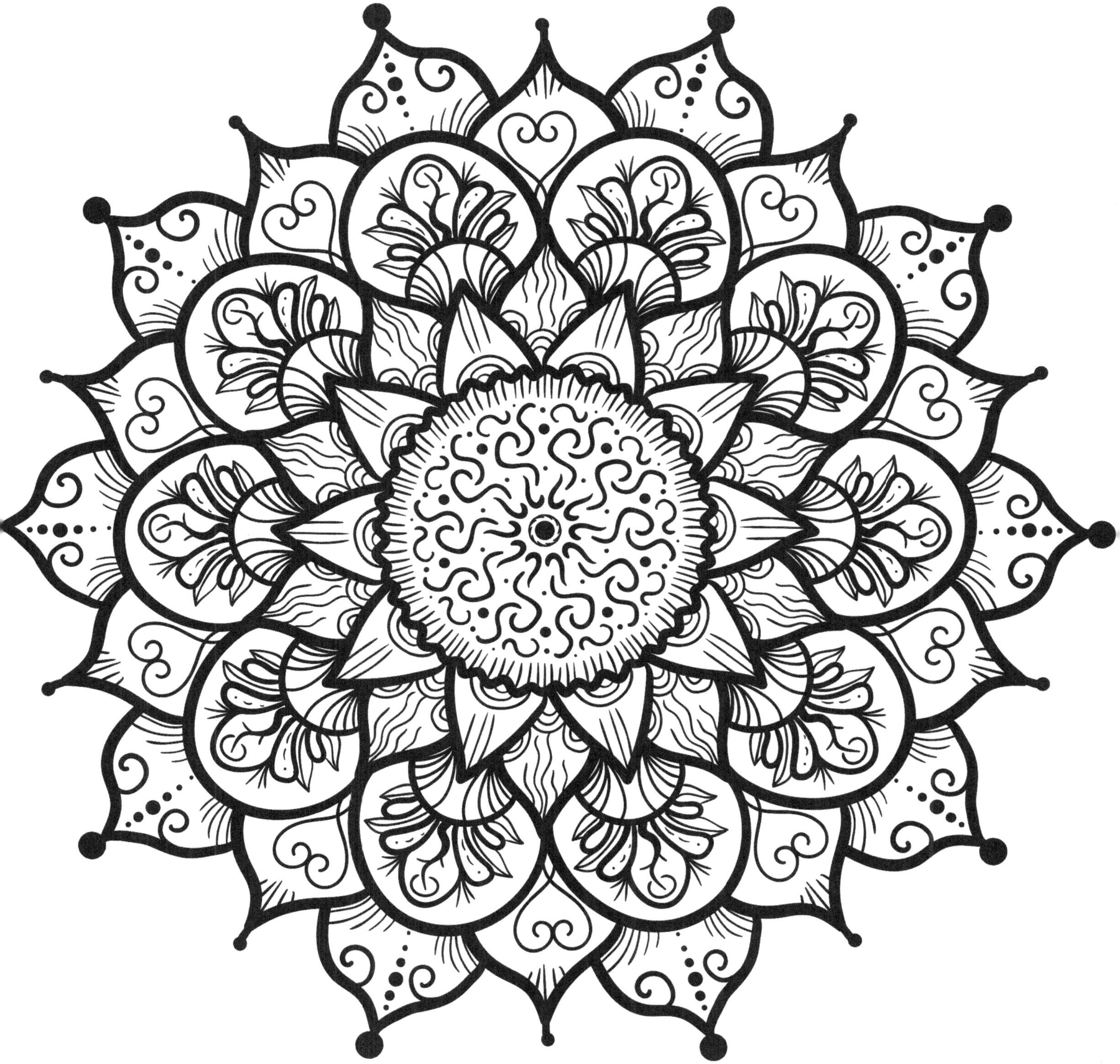

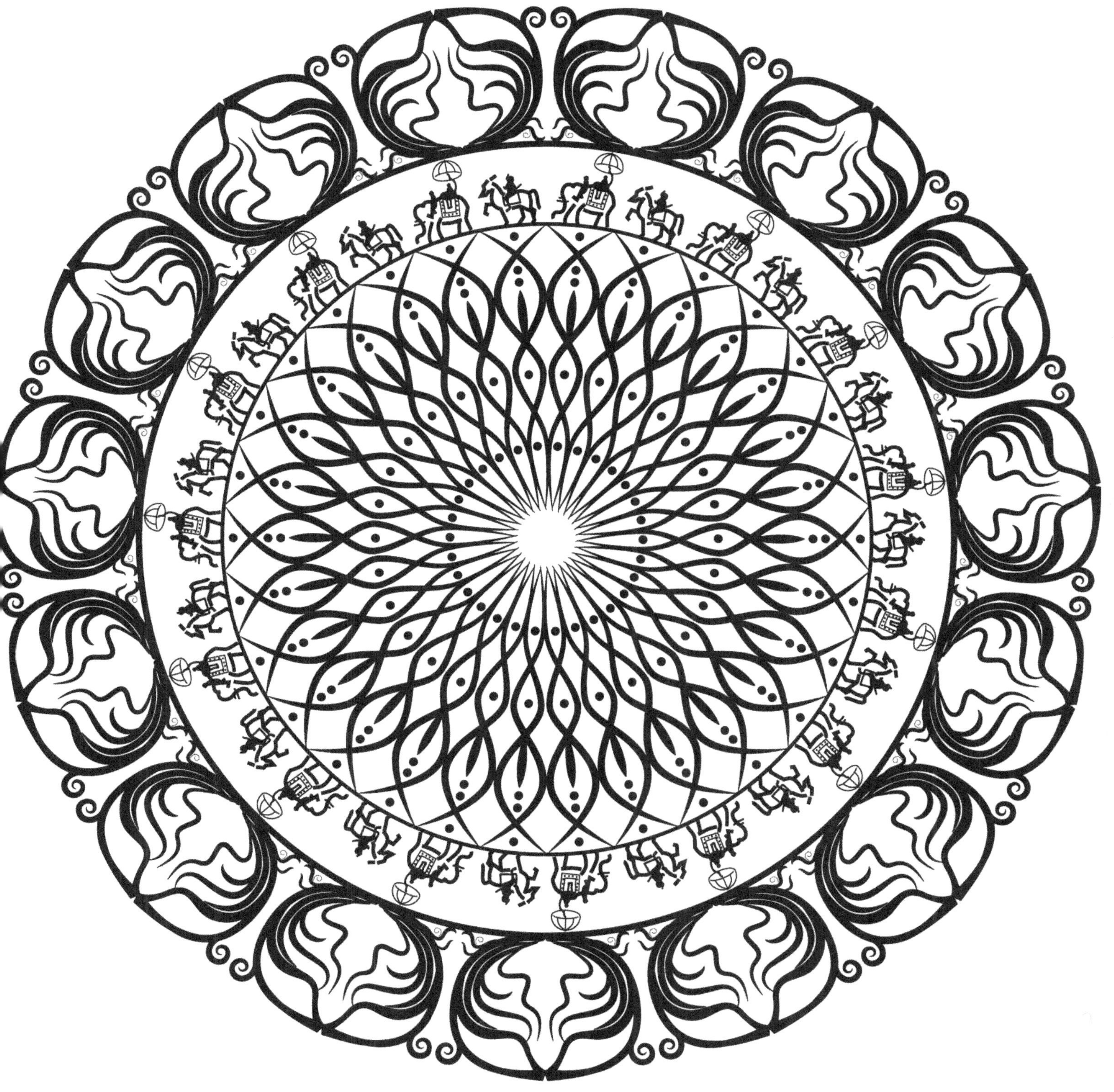

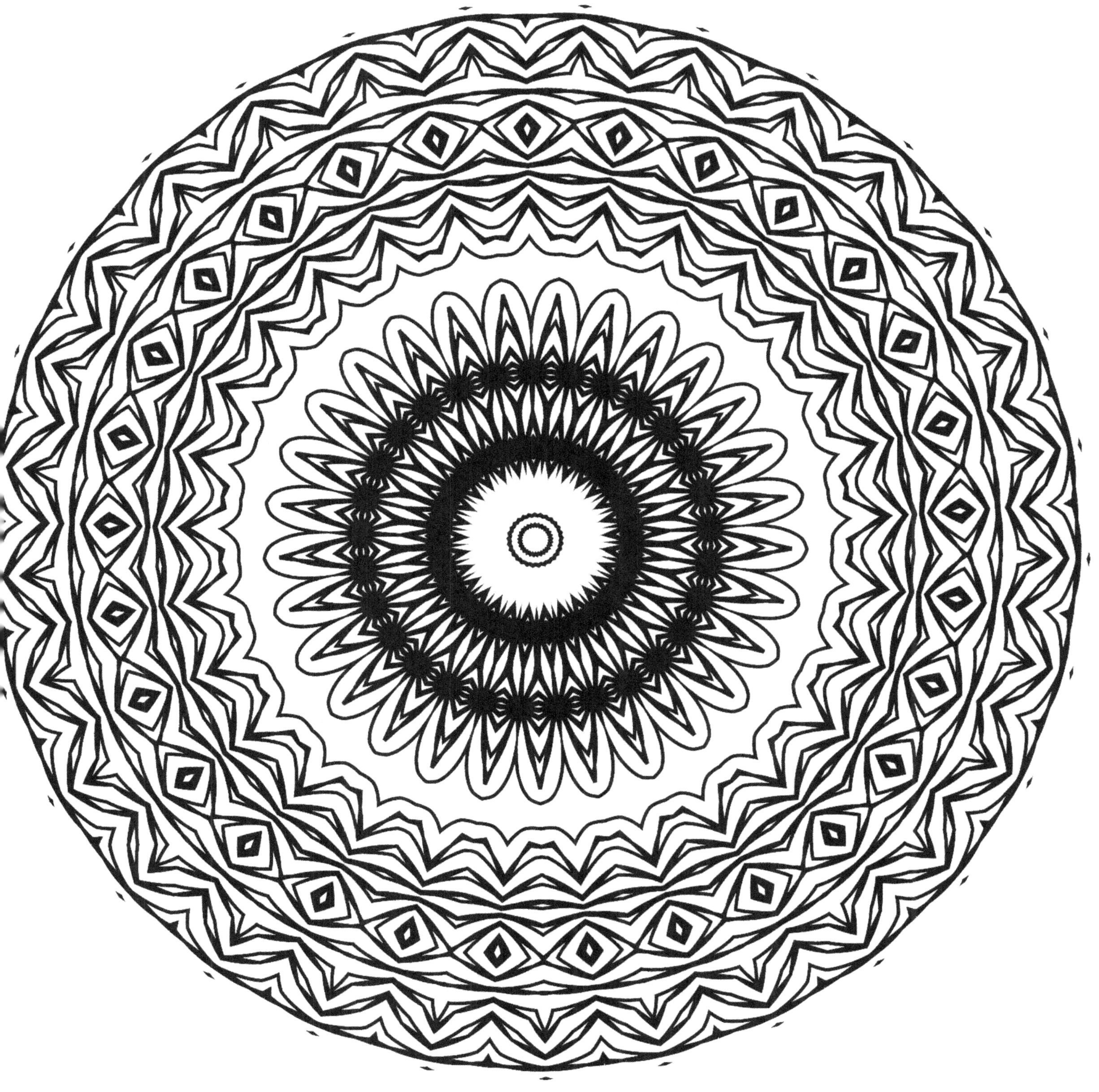

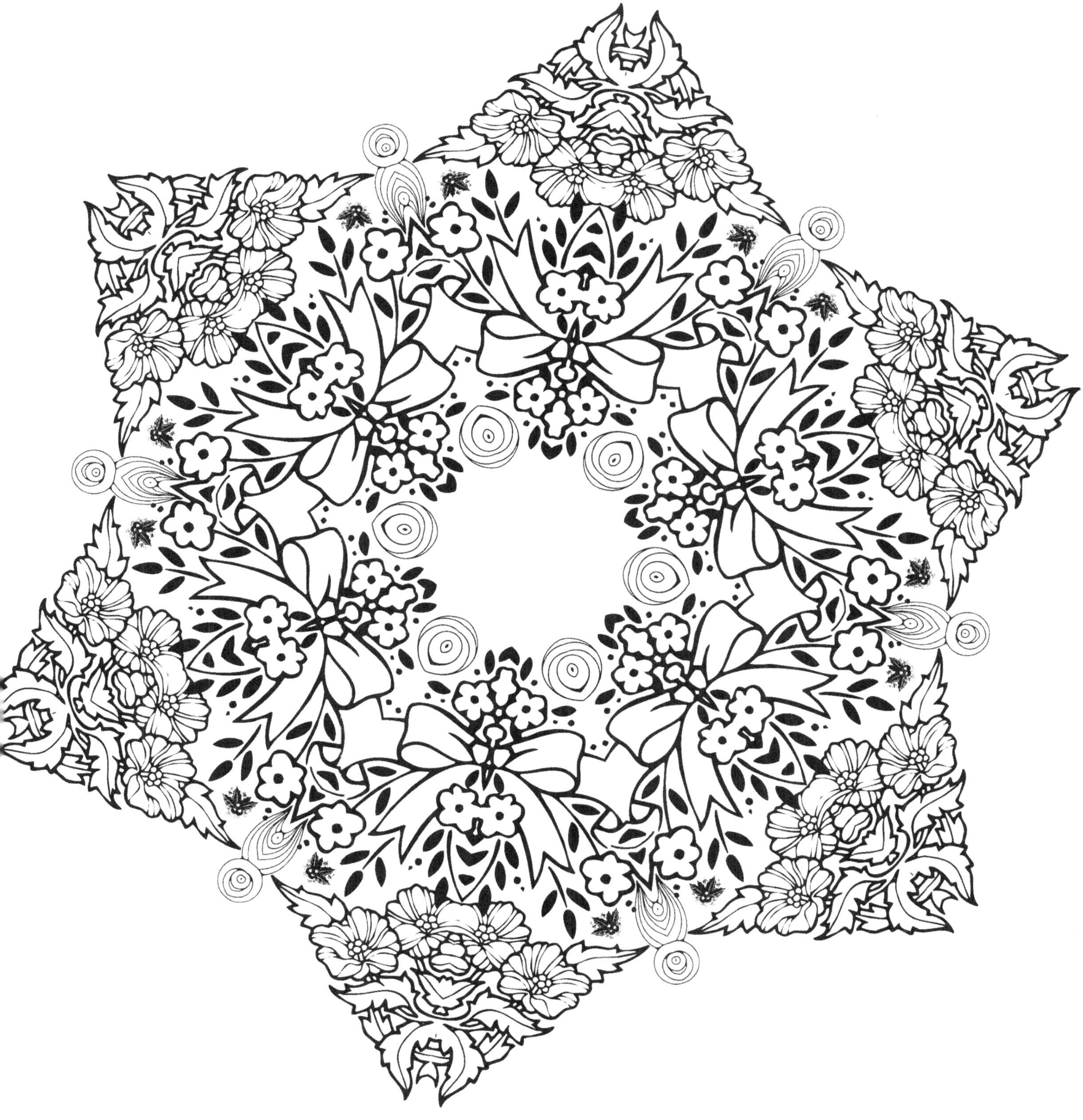

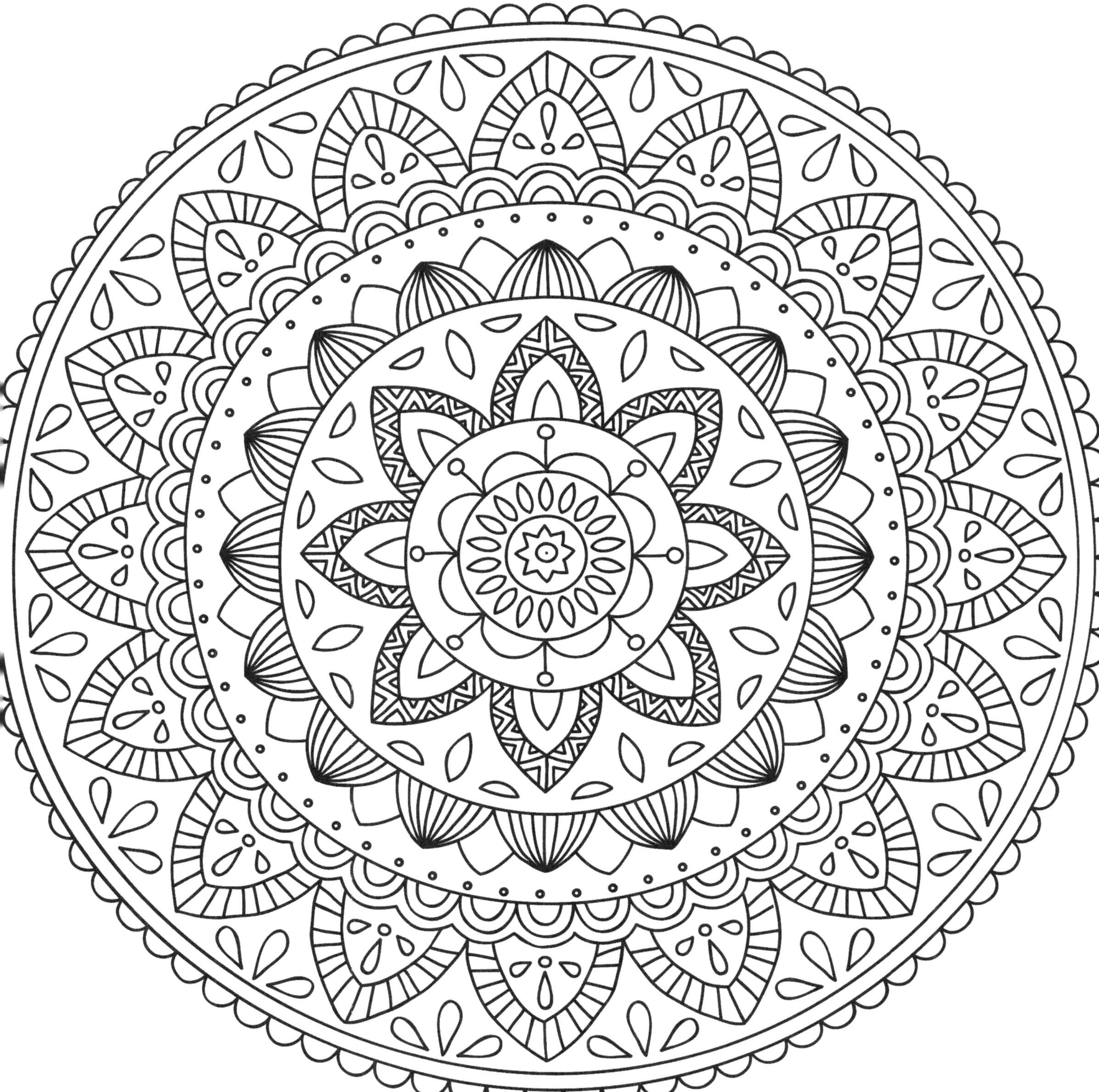

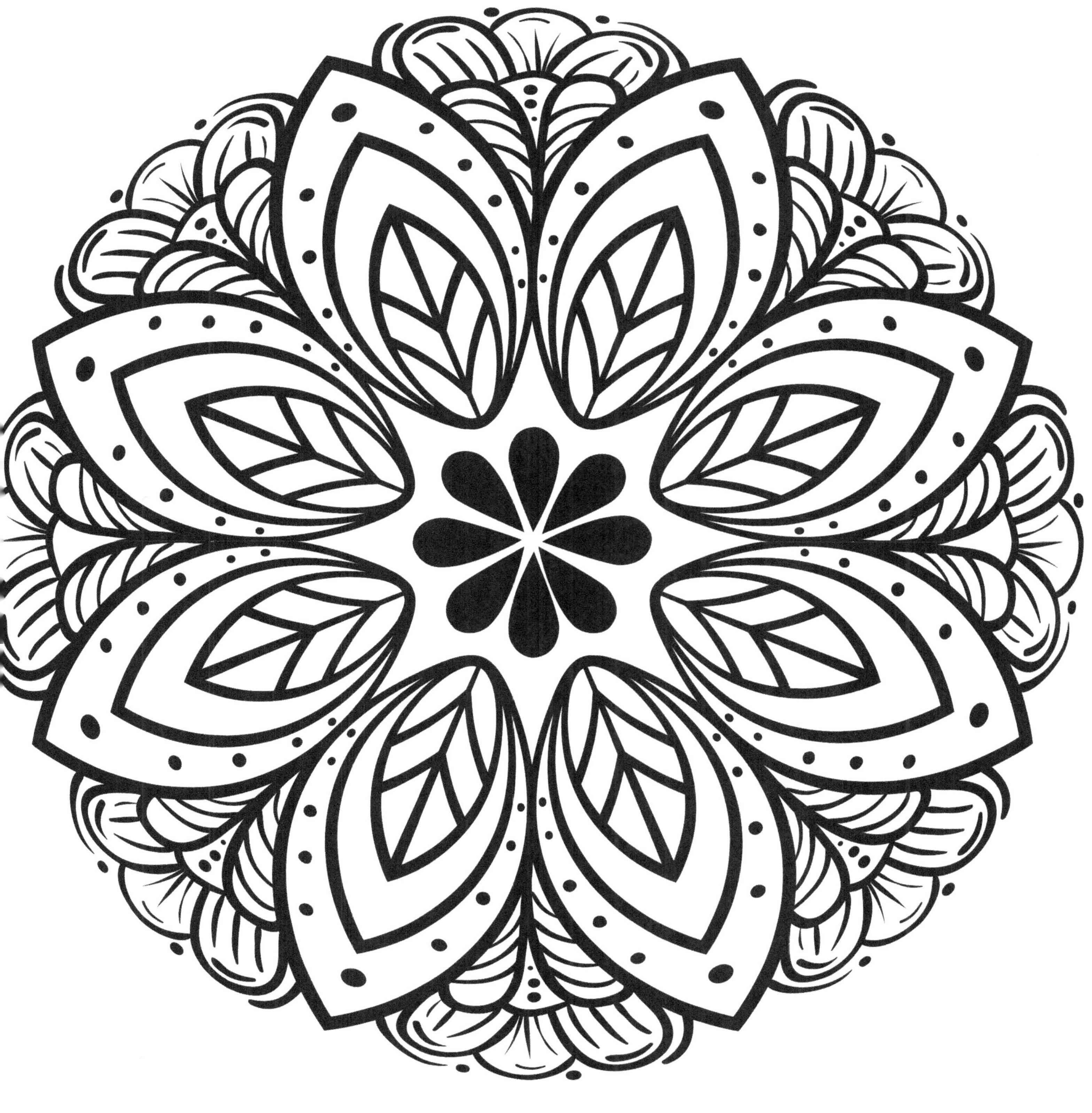

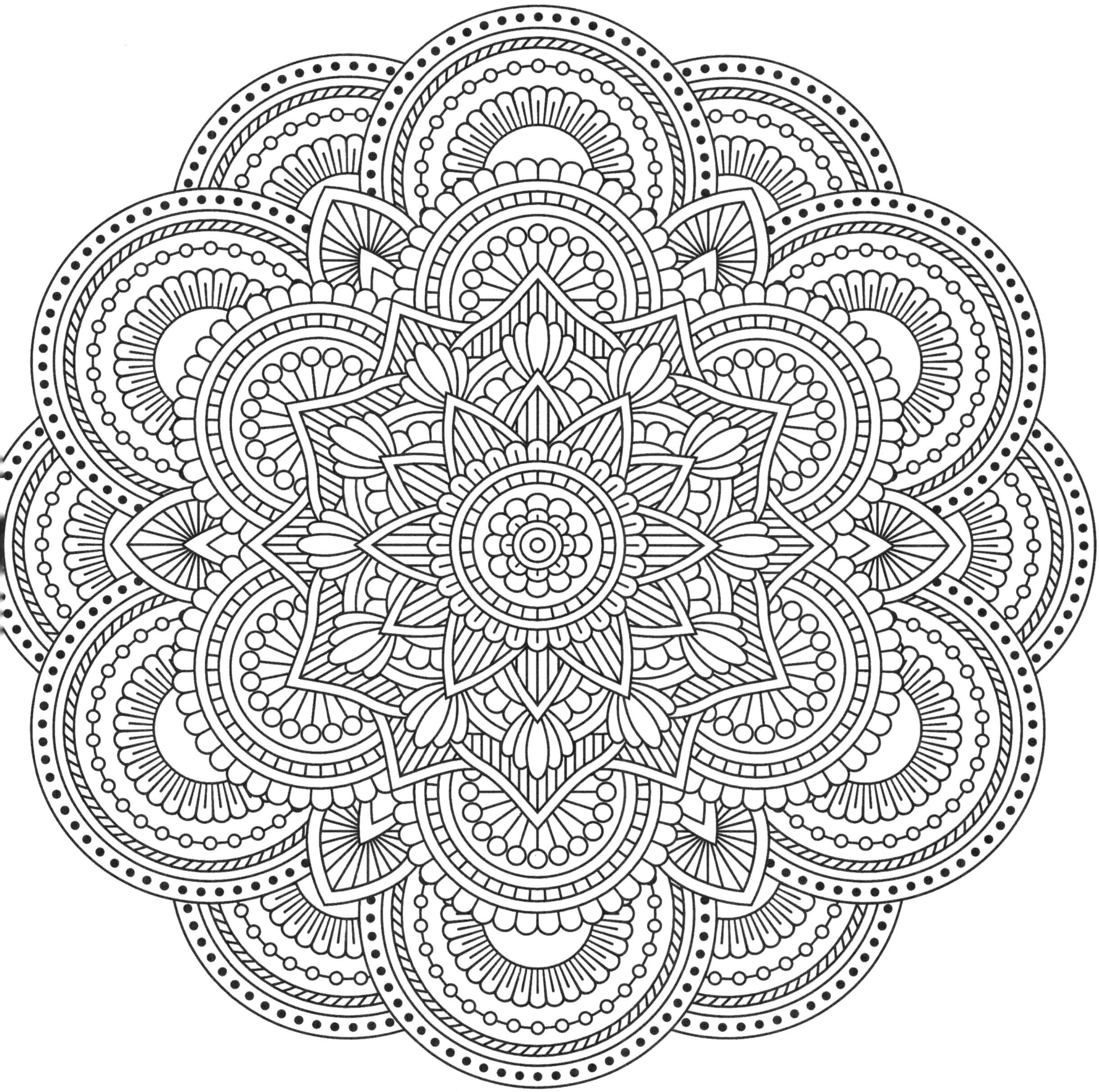

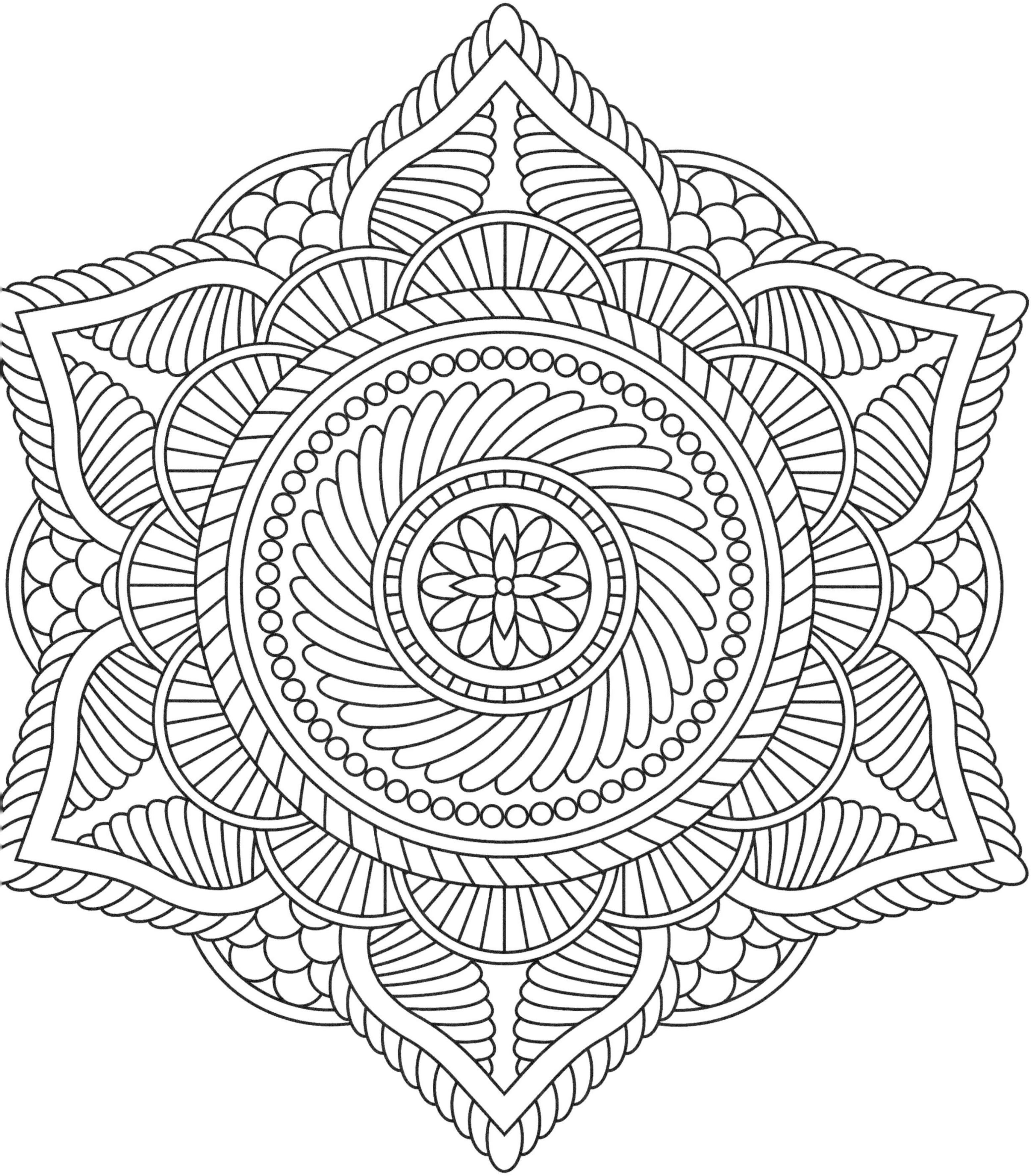

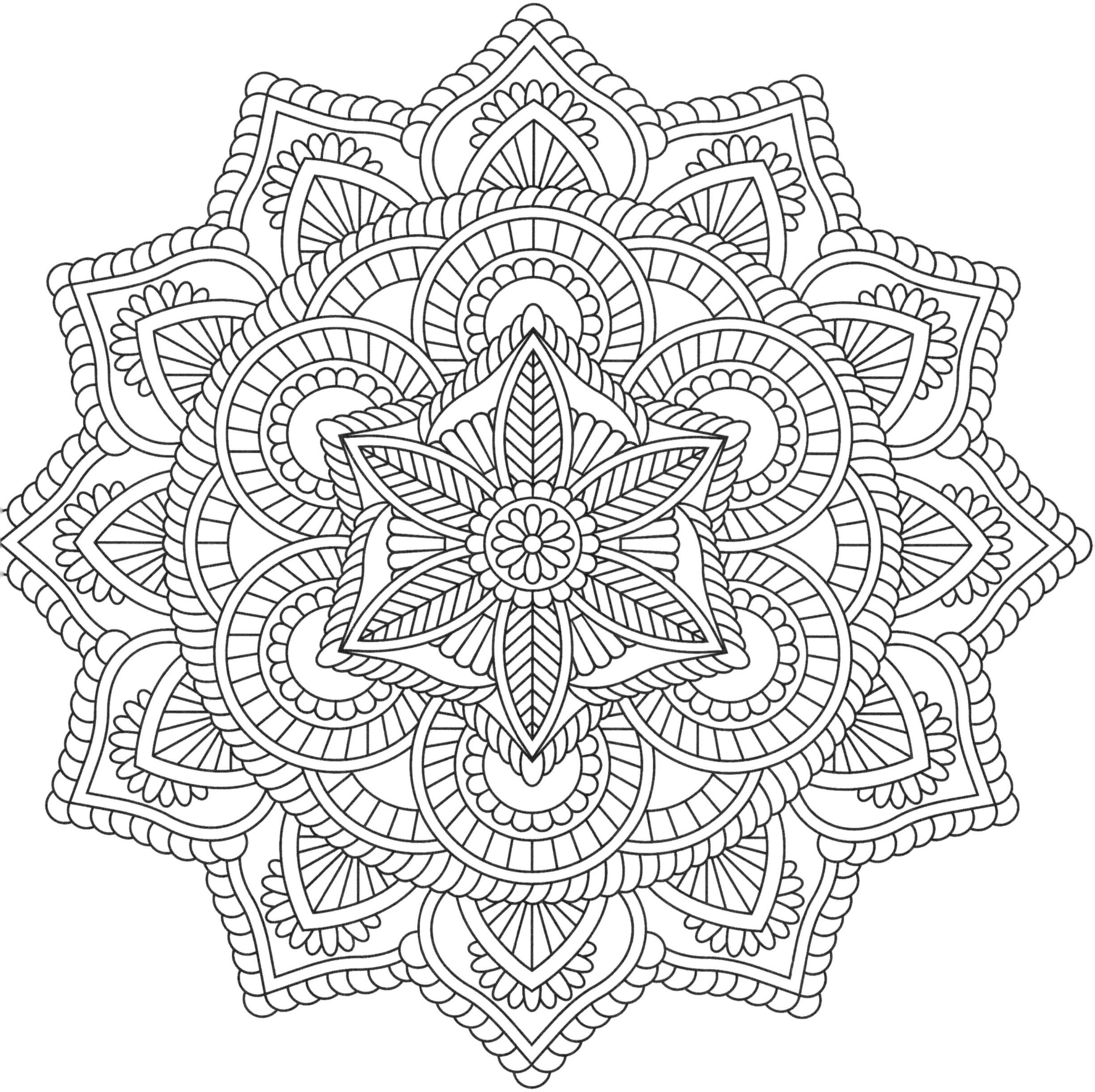

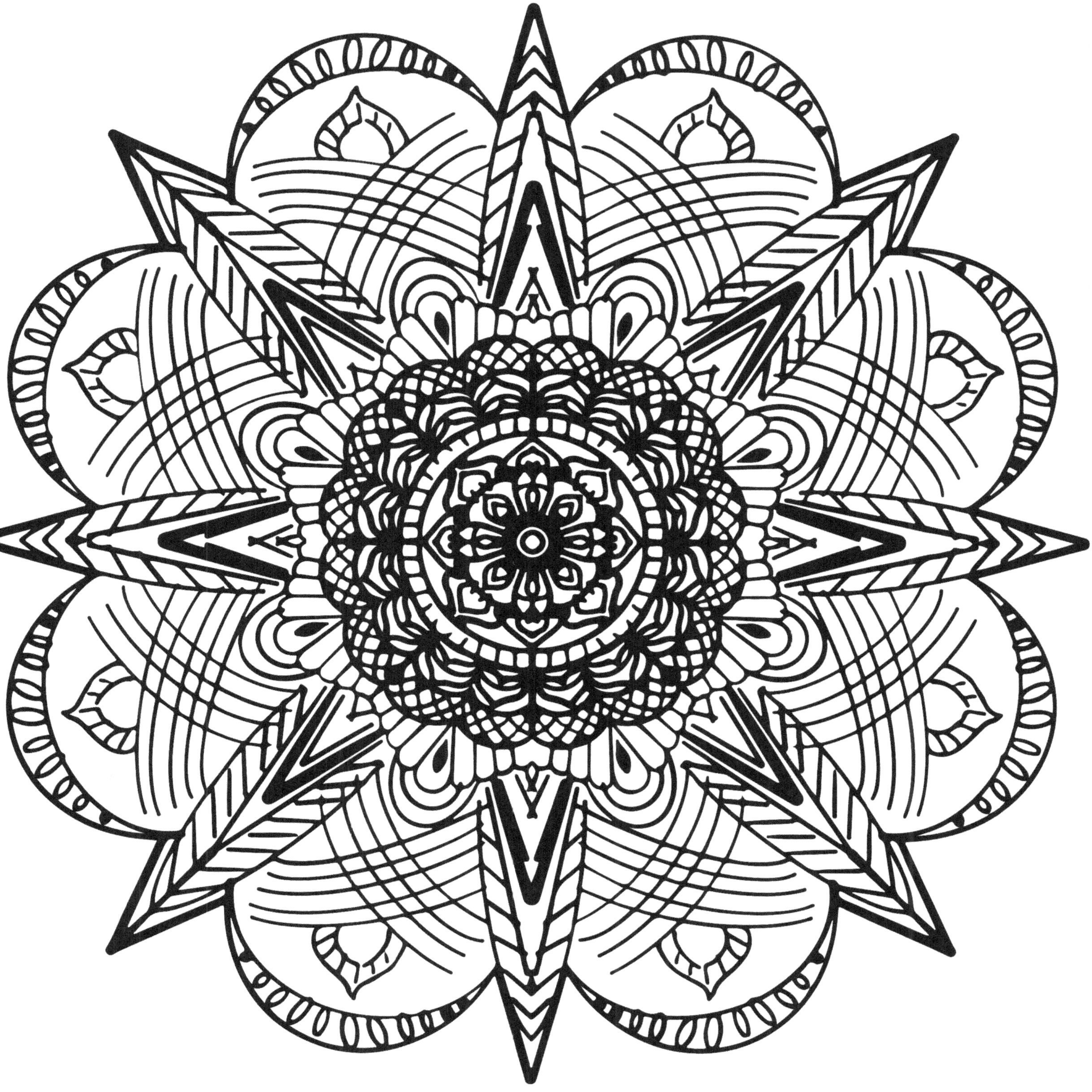

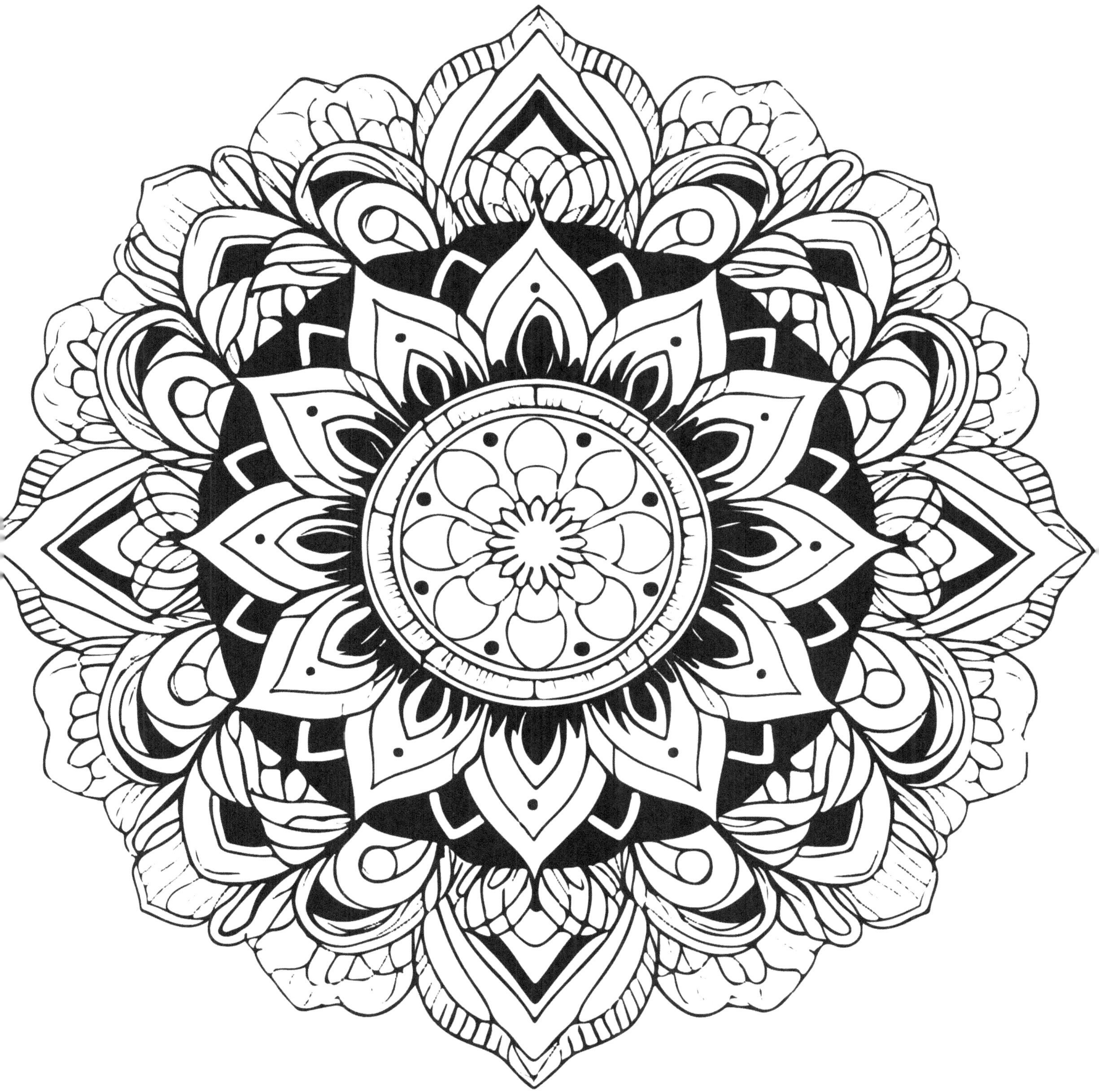

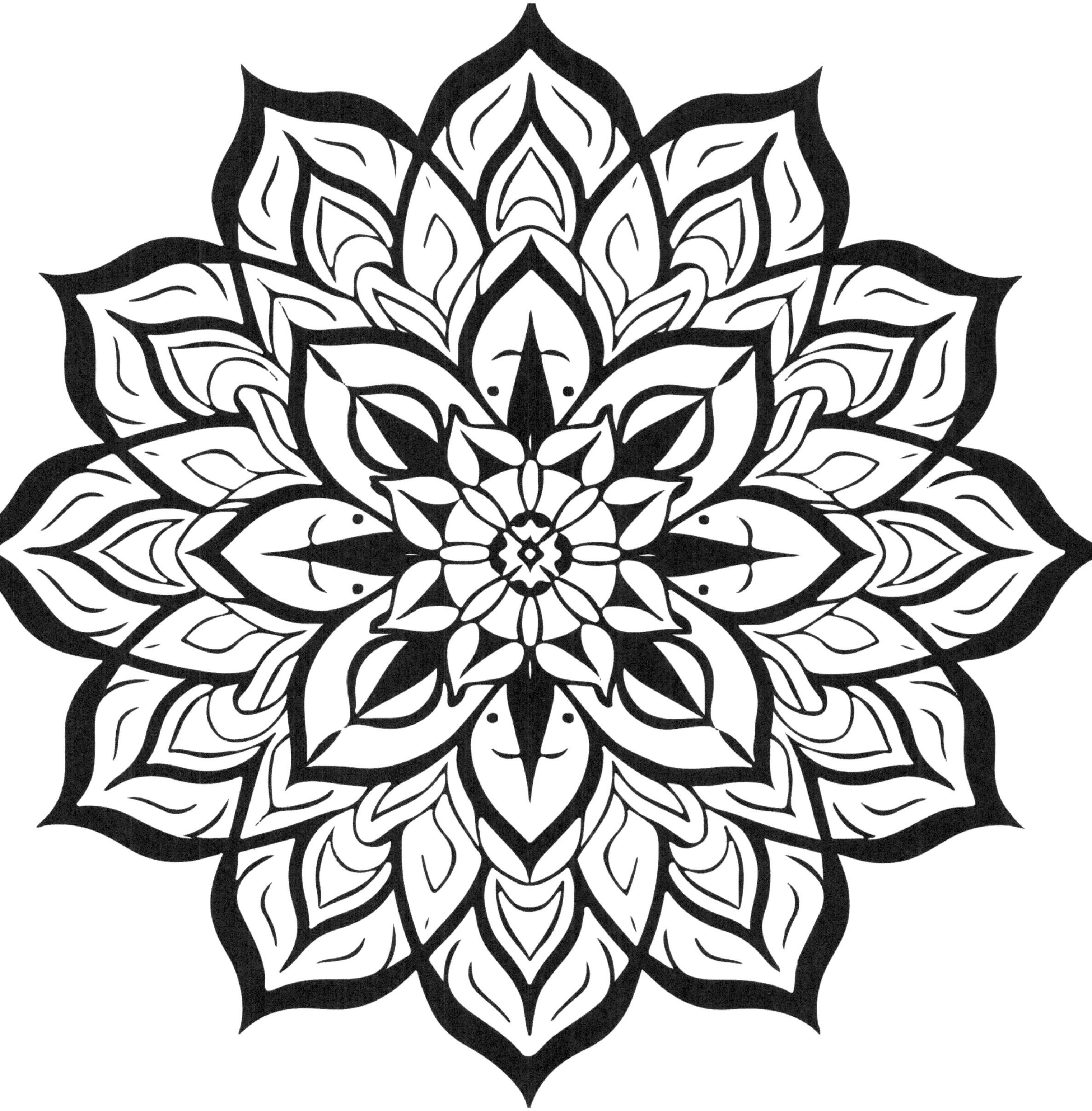

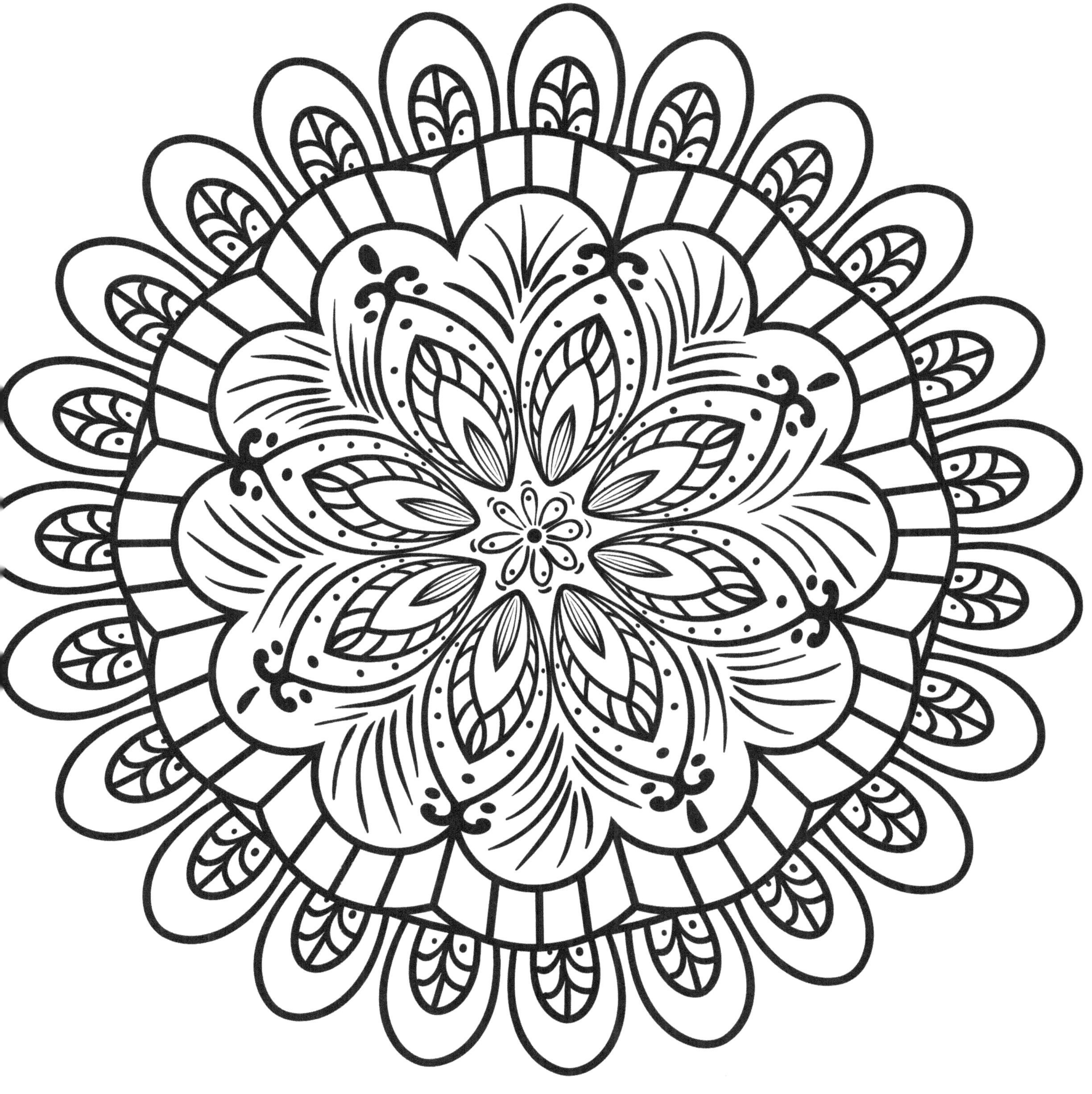

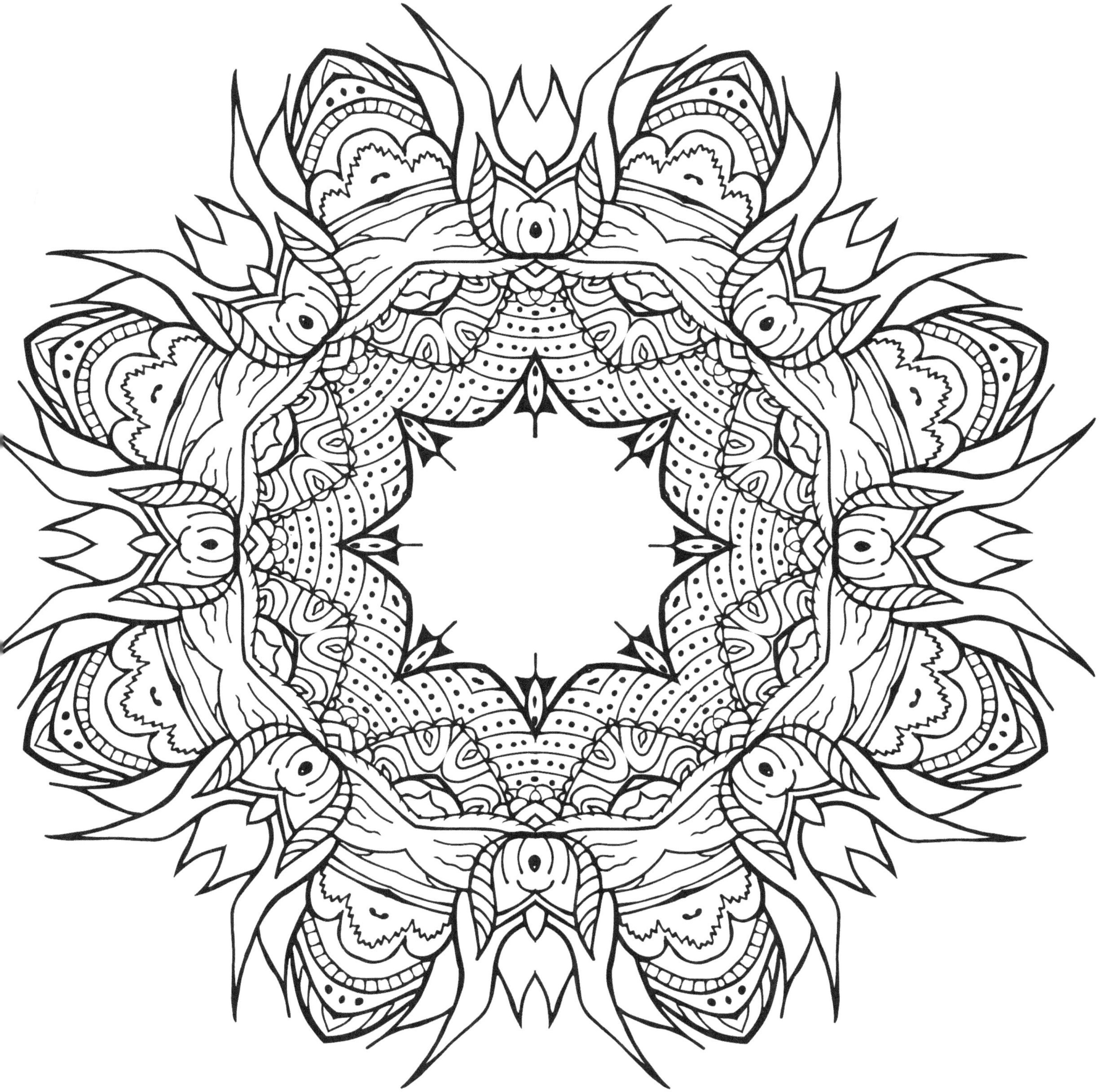

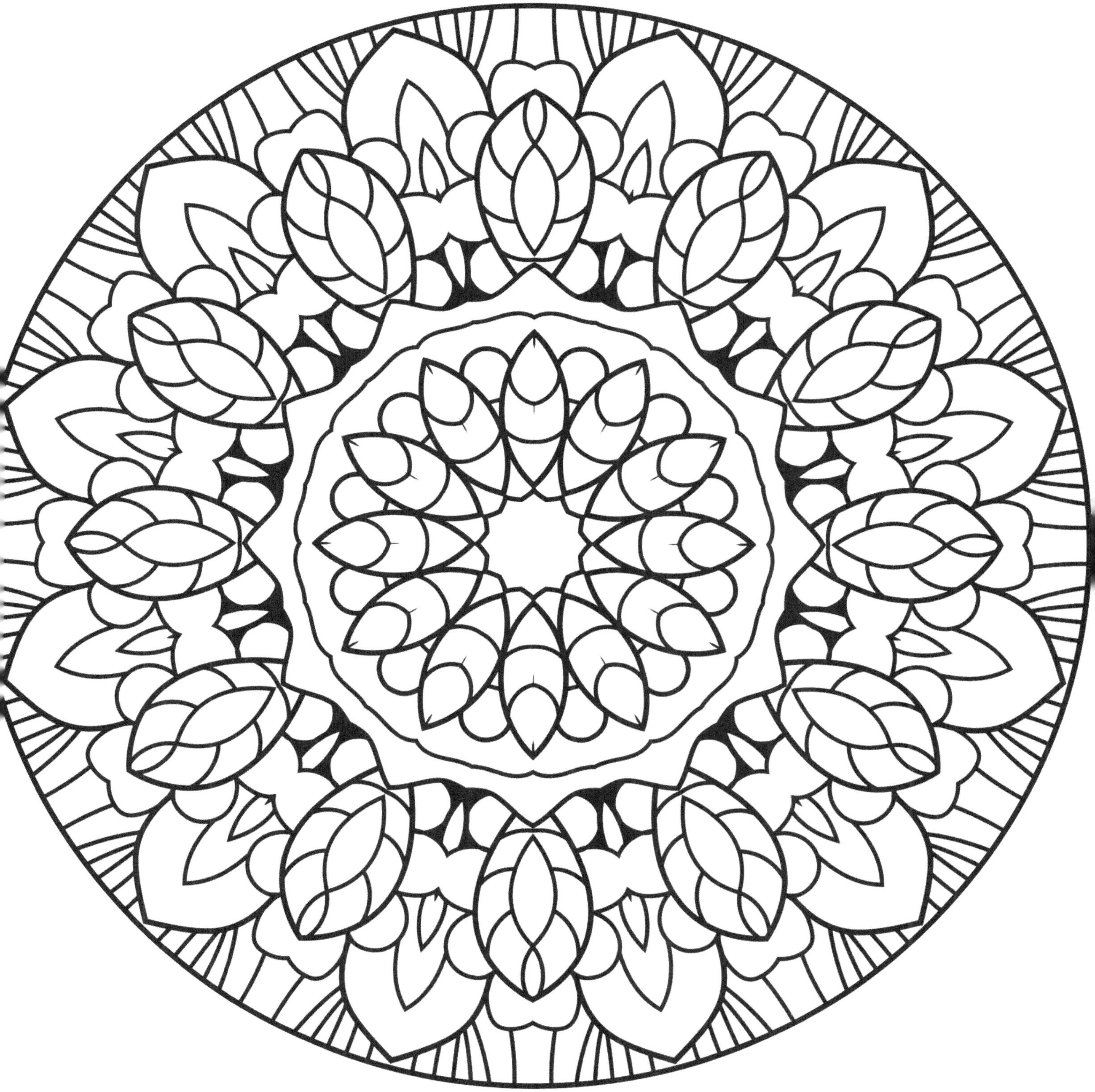

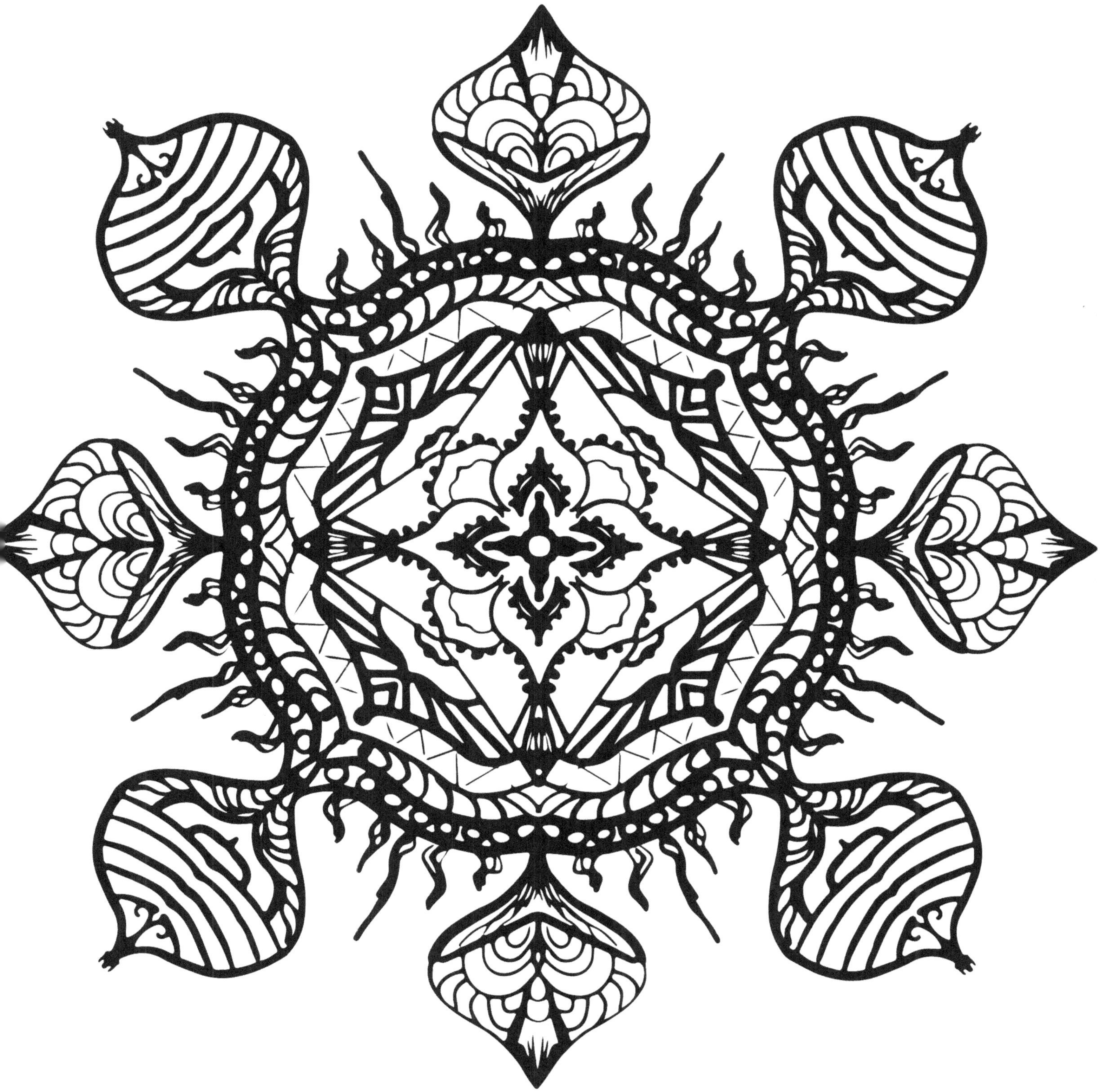

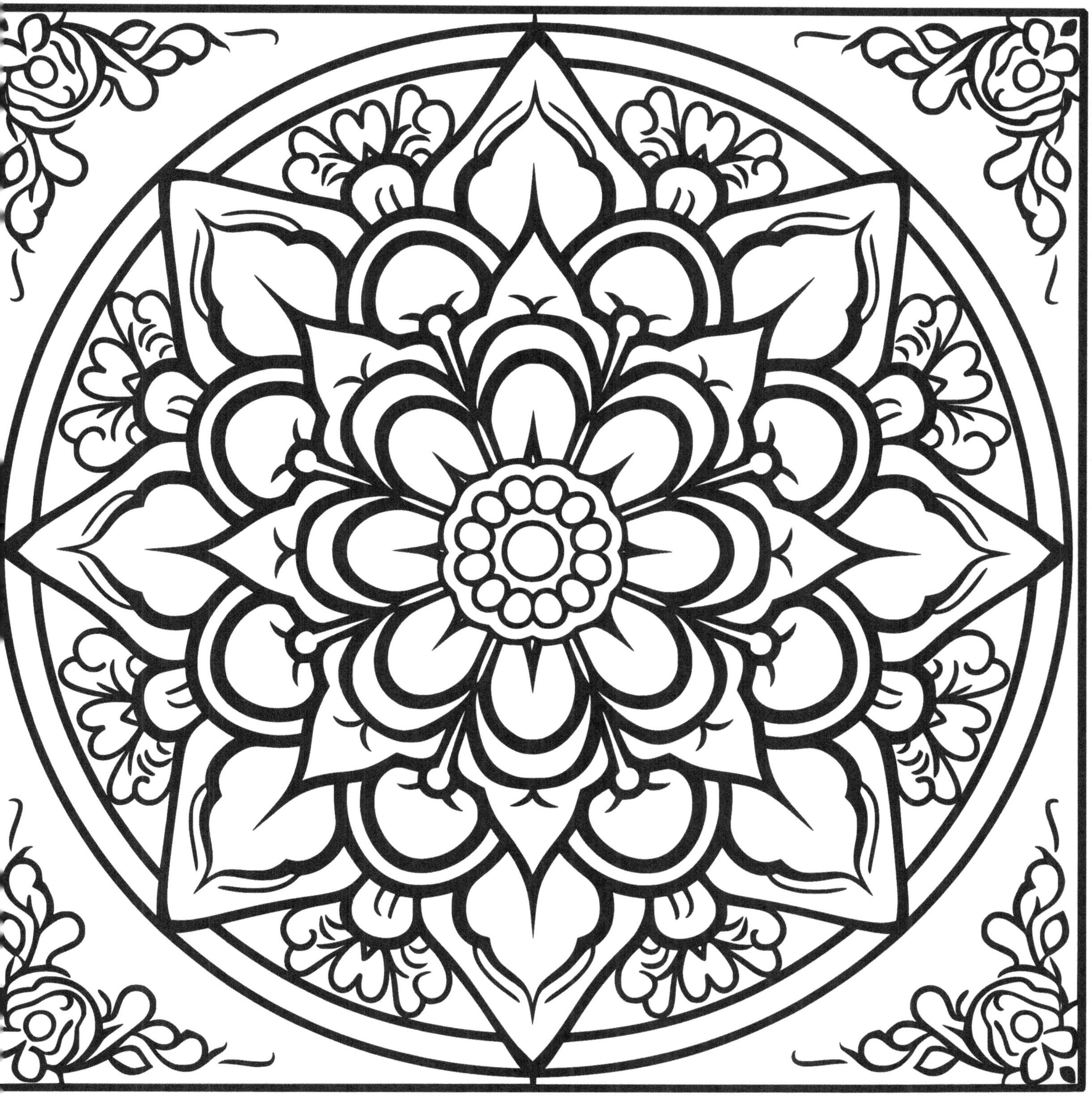

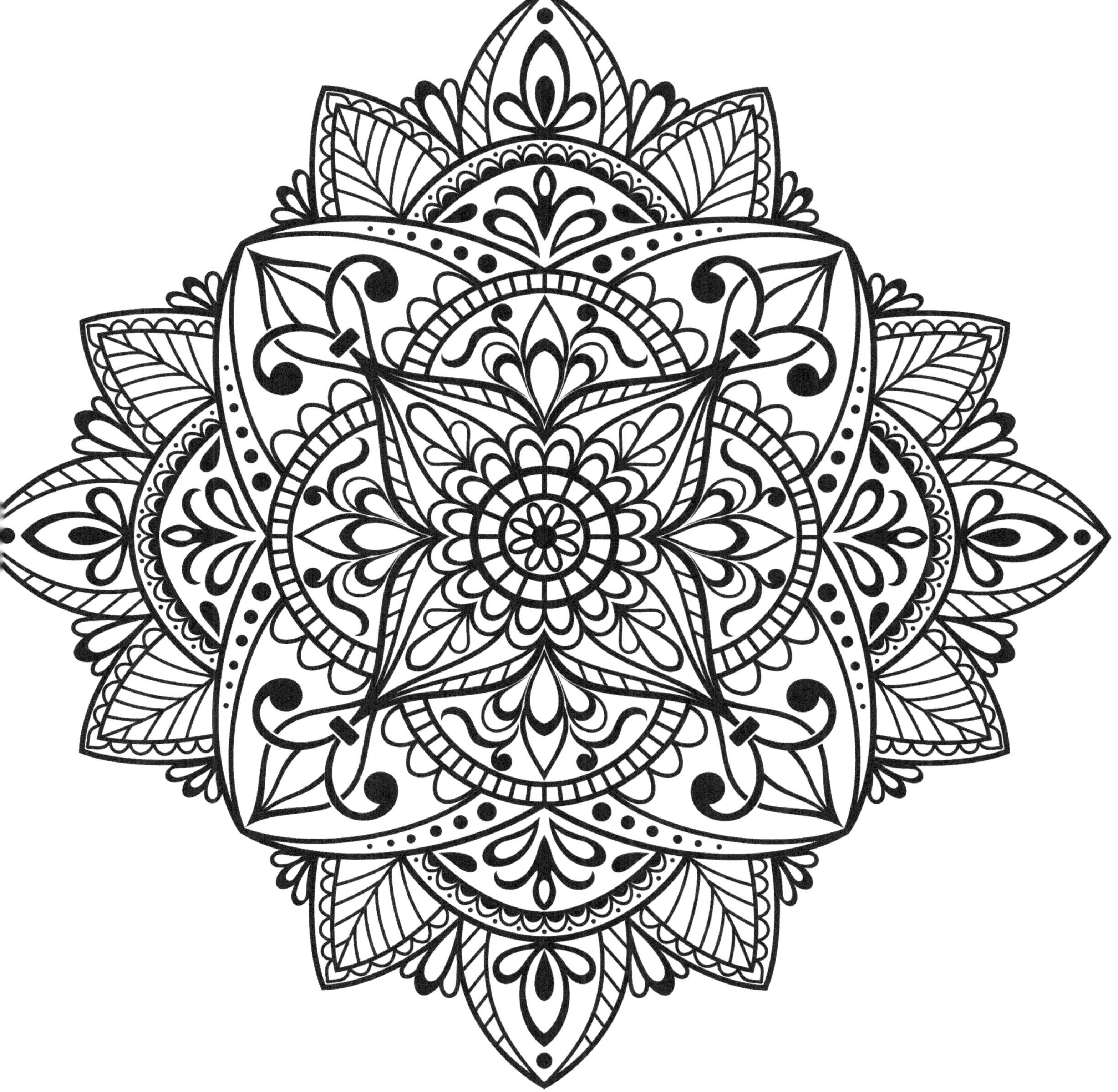

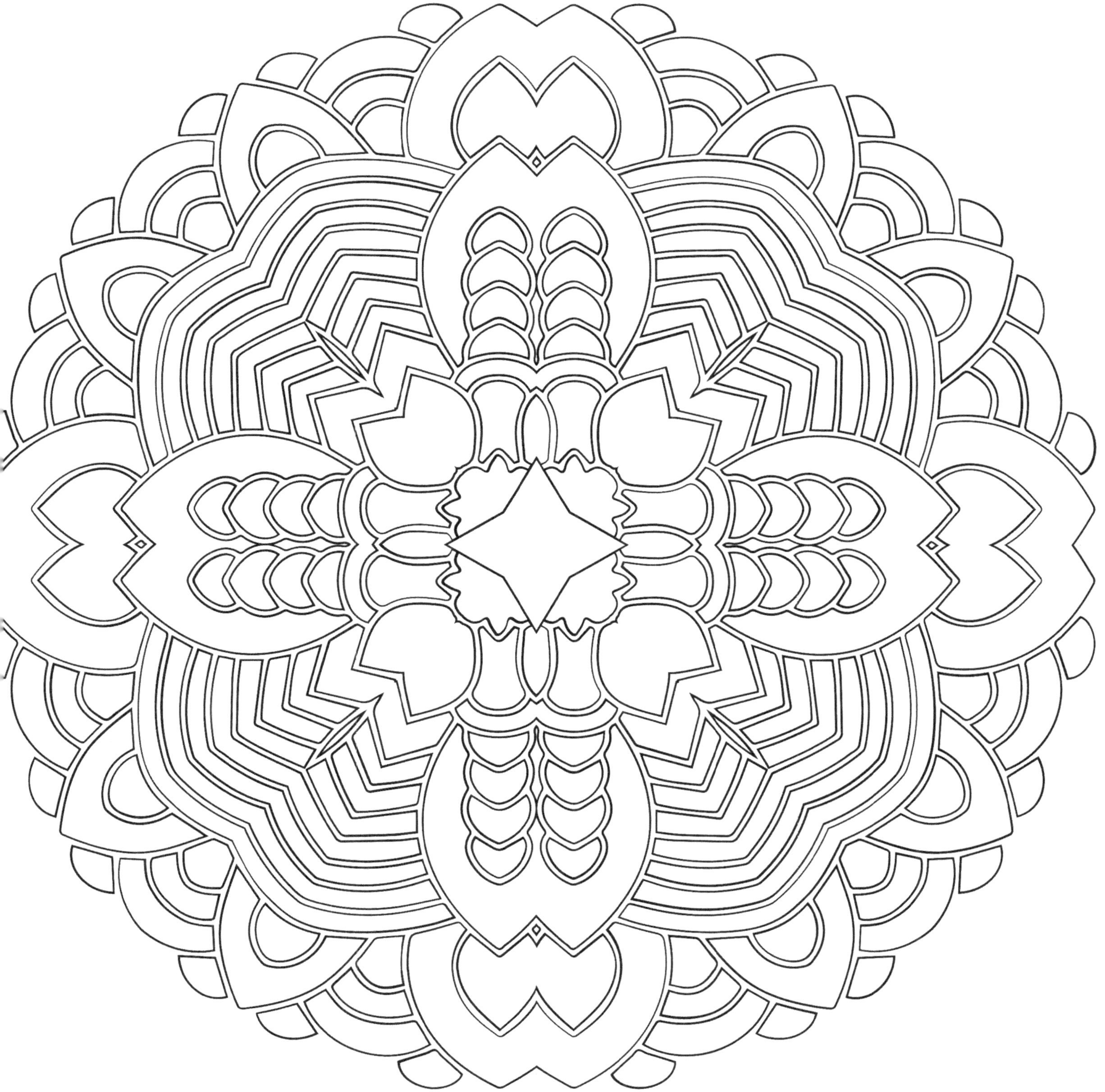

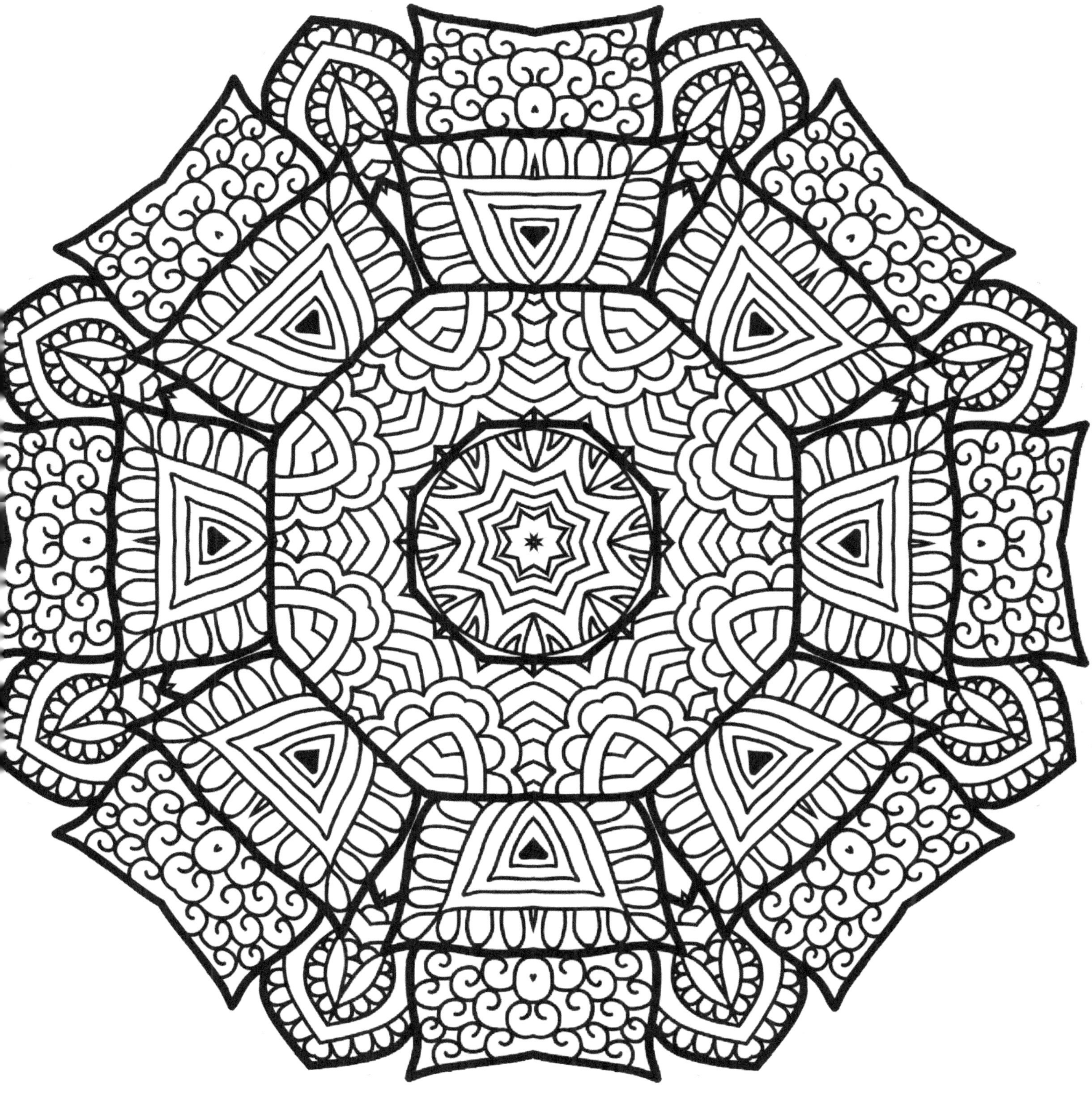

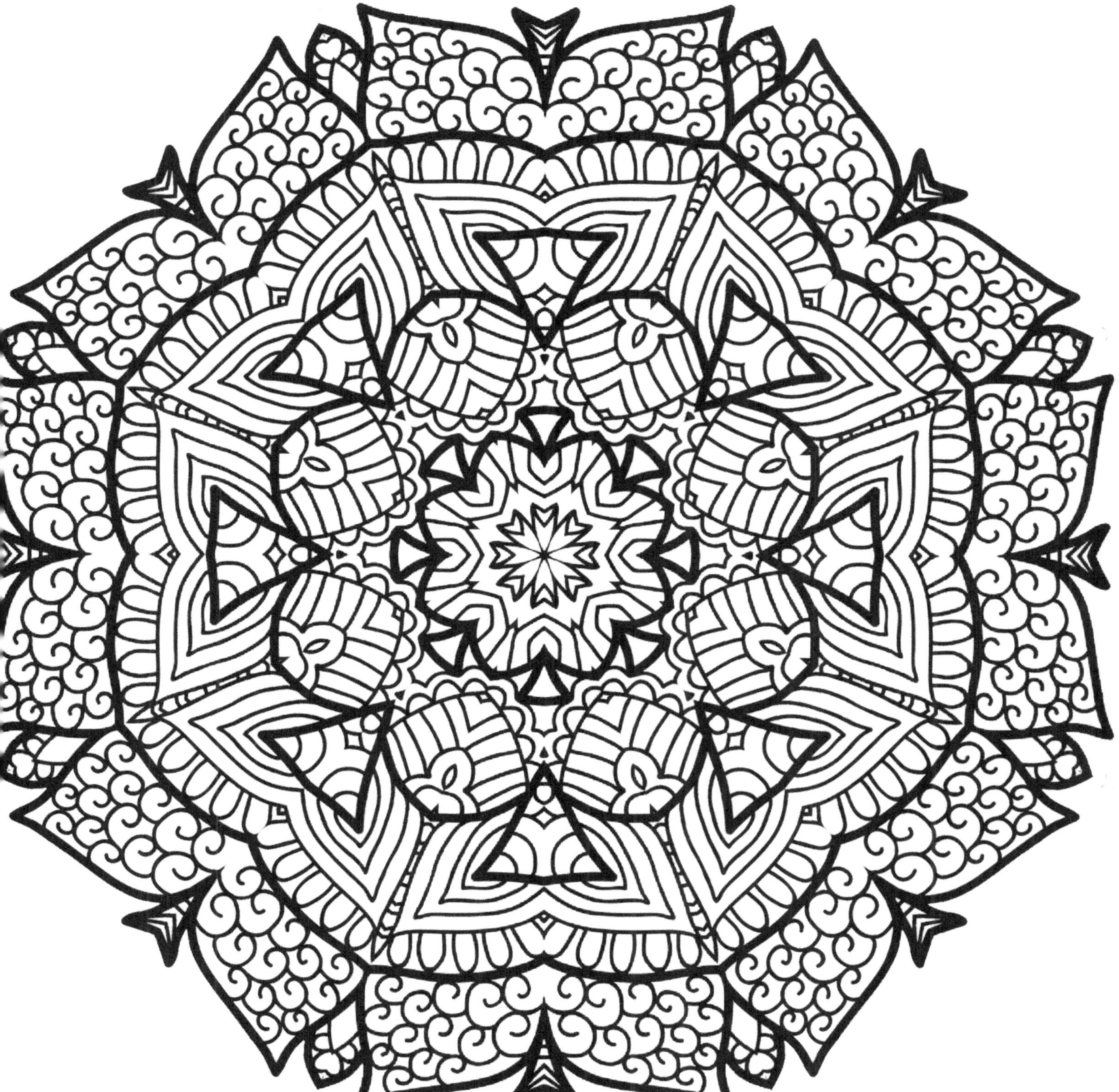

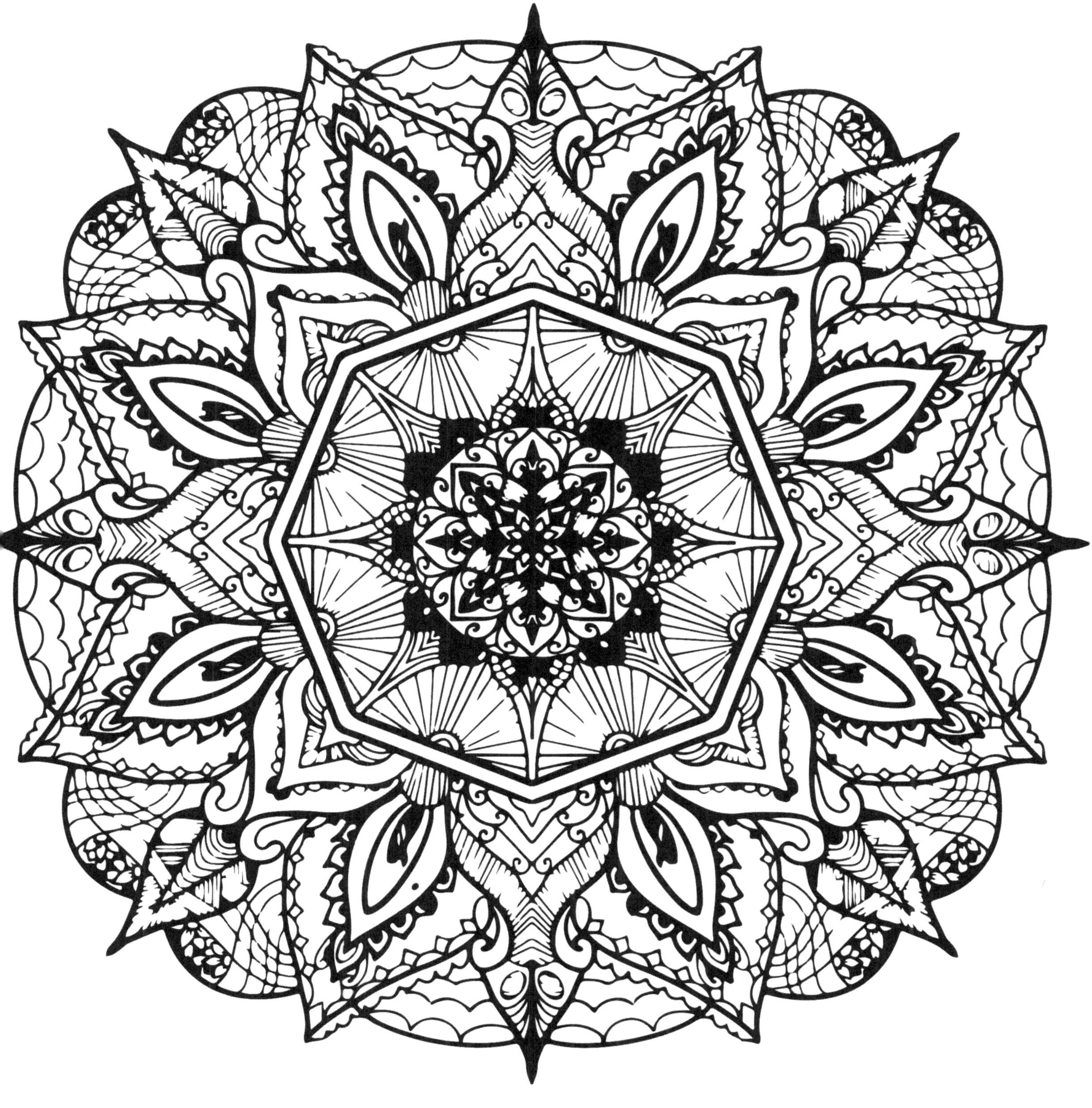

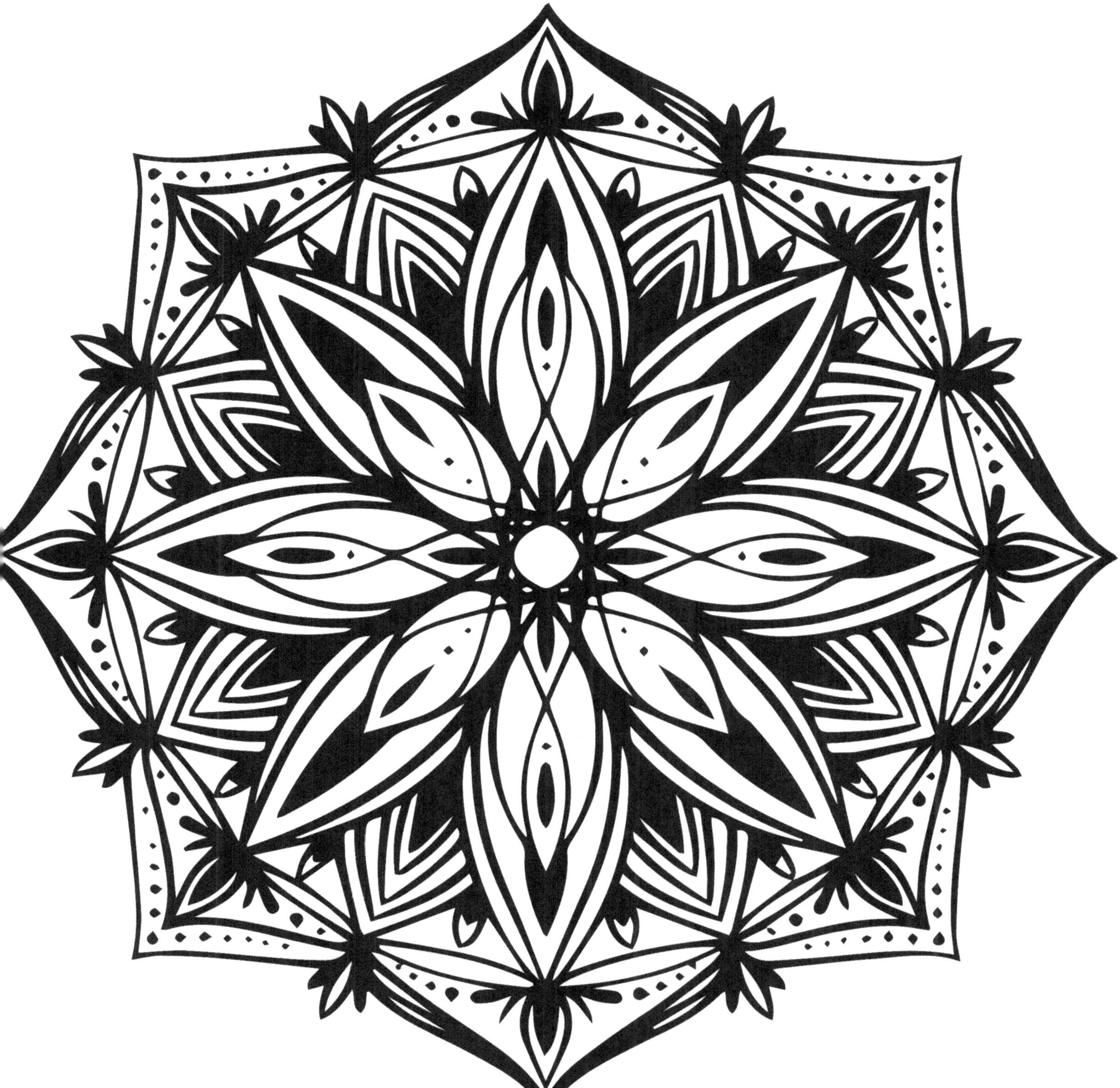

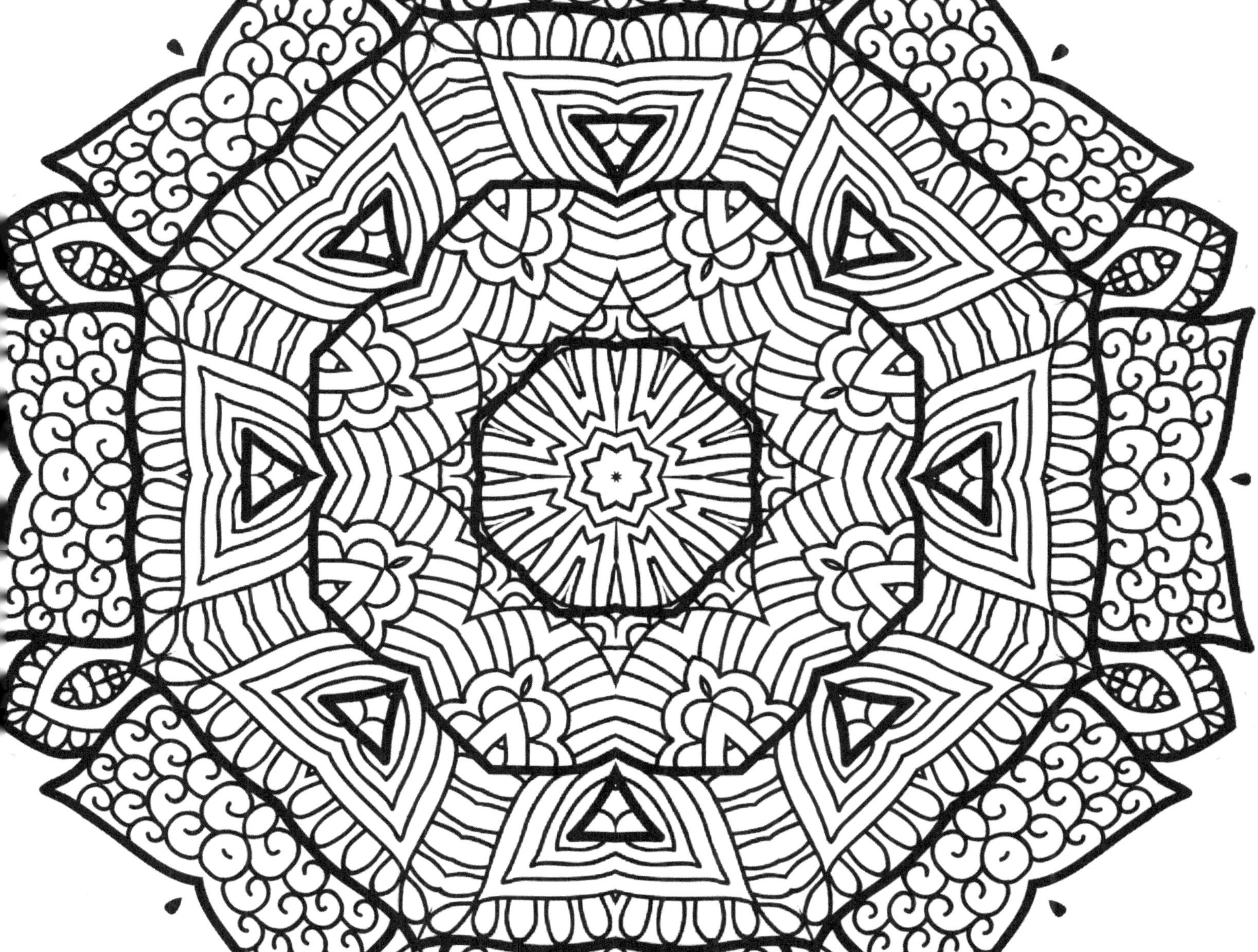

www.ingramcontent.com/pod-product-compliance
Lightning Source LLC
Chambersburg PA
CBHW082342220526
45470CB00008B/2602
* 9 7 9 8 3 2 7 1 3 9 3 8 1 *